輪機美女航海誌

宋尚題

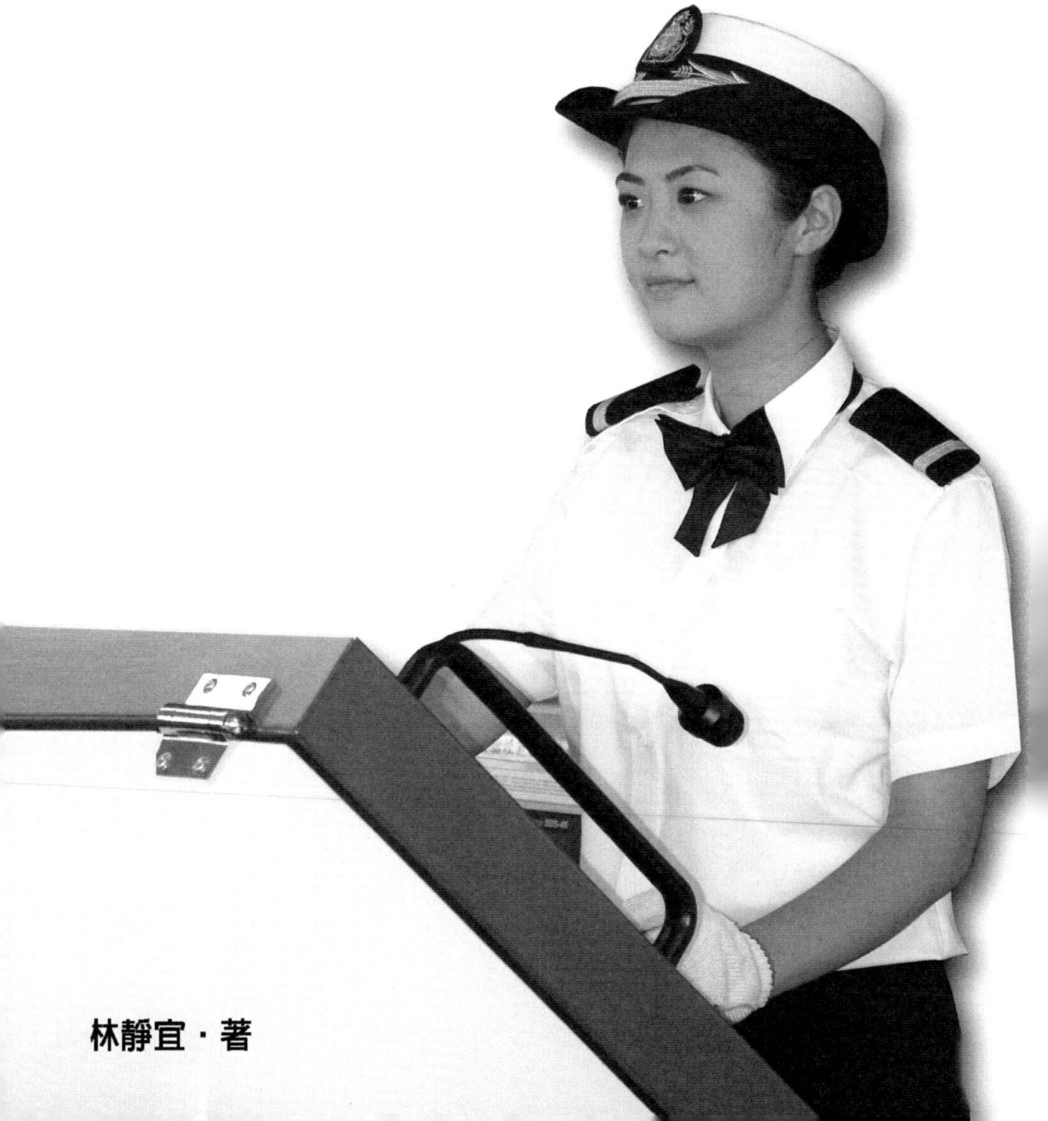

林靜宜・著

校長序

本校輪機工程系同學林靜宜，原為餐廳服務生，後來決定走一條不同的路，投入原來只有男生才能進入的輪機產業，在通過國家一等管輪考試後，今在陽明海運歐洲線實習完成，成為台灣首位美女輪機員，她的故事並改變了一般人對輪機黑手的印象，林靜宜也可以勇敢，也可以溫柔的典範，今年還吸引了許多女生報名了本校輪機工程系，這也見證了在台灣社會轉型下。台北海洋技術學院積極、冒險、創新、追求卓越的校風，已經廣受肯定。

在滿街都是大學生的今天，實力已經比學歷重要，陽明海運公司大膽啓用林靜宜到歐洲線完成實習，林靜宜在船上努力學習，贏得不少同僚的敬佩與掌聲，大家都認同，小女孩也可以做到猛男才能做到的事。

感謝秀威出版社，願意出版此次林靜宜實習歐洲線之輪機員航海日誌，林靜宜之所以可以獲得這麼多機會，最主要的原因，就是因為她願意走一條過去沒有女生會走的路，有勇敢就沒有遺憾，突破傳統，這也代表了台灣社會新生代的競爭力與核心價值，就讓我們一起祝福林靜宜同學的未來，更加璀璨光明，同時也再次感謝社會，願意給年輕人多一點走一條不一樣道路的機會，再次感謝！

台北海洋技術學院校長 林晉豐

推薦序

俗話說：「成功是靠一分的天才和九十九分的努力。」

可是大部分的人只看到了成功卻忘了思考成功背後的努力，相信許多人都會有種疑問，為什麼一個女生願意當一名管輪？為什麼一個女生有勇氣去接觸連男生都不敢輕易嘗試的勞力工作？

「因為我的家境不好，我想讓家人能夠過的更好，爸媽為了我們辛苦一輩子，如果我的辛苦可以換來家人的無憂生活，那我願意為了他們而努力。」作者說話時的眼神透露出了堅定與決心，實在很難想像她只是一名嬌滴滴的女生，她的努力是學校老師和同學們有目共睹的，所以我們陽明海運願意給作者一個機會，而她也準確的抓住機會，踏著堅定步伐一步一腳印的前進。

許多人認為在船上工作，是非常辛苦、無趣、並且危險的，唯一優點只有薪水優渥，但是相反的，這些卻是培養自己習慣與能力的機會，船上的工作結束後，可以到健身房，或者閱讀書籍，加強自身能力，培養良好讀書習慣，學無止境，自身充足的知識與維持良好的健康狀況才是與社會競爭的資本，並且能夠學習到「團結」與「互相幫助」，船上有來自不同國家的船員，相處之間的交流、互助，無形中將人際關係拓展到了世界，外語能力也在交流時習慣成自然，潛移默化之下自然地增加了自身的語文能力，也將眼光放遠到世界，正所謂有一失必有一得。

作者在書中描述的船上生活，是許多人所沒有經歷過的，一望無際的沙漠，波瀾壯闊中帶點蕭瑟寂寥的感覺，隱約的表達出思鄉的離愁，同樣的也敘述了歐洲的風土人情，荷蘭的日照時間長到令人不敢置信，德國的地下鐵居然像哈利波特一書中出現過的車站，作者用她幽默詼諧的想法與天馬行空的創意來敘述外國的環境特色，並且運用溫柔豐富的文字來述說思念家人的心情，和對於姑姑家奶奶過世的生命轉折的不捨與遺憾。從這時起，作者才是真正的成長，成長的背後有喜怒哀樂和無數的挫折與失敗累積而成的經驗，才能成功。

我想，序還是不宜透露太多內容，就讓台灣第一個女性管輪，用自己的文字與照片，帶領各位讀者走入船上的生活，了解管輪並不是如此的無趣與一成不變。最後，恭喜作者的新書「輪機美女航海誌」即將出版，請各位讀者抱持著輕鬆的心情，翻向下一頁，與作者一起揚帆，航向世界。

陽明海運協理　胡海國

CONTENTS

校長序 3
推薦序 5
我是誰 17
我的小時候 18
就業時期 21
傻蛋三人組之回到陸地囉 24
入學前的一年 33
迷惘 35
二專 37
第二次跟學校去實習 40
前幾天跟朋友出去 42

某天朋友到我家來 44
二專畢業後 45
心態改變 47
重大選擇 50
最後一次的放縱 52
別人先上船 53
上船前的一個月 55
上船前的聚會 56
上船前一天 58
成員介紹 61
人格特性 62
動向．方向 65

CONTENTS

CONTENTS

蔥油餅 67
大廚房 68
海員工會VS魯夫分舵 69
逃難小艇 70
好事・壞事 71
出發前 72
四軌的工作 73
帶纜 74
海圖 75
過運河 76
危險 78

空虛・上海・洋山 80
曬月亮 82
思念 83
談一輩子的戀愛 84
愛的四行程 86
一輩子的承諾 88
釣魚 93
豐收 94
下雨 95
迷思 96
海洋深層水 98

CONTENTS

CONTENTS

危險二 99
見怪不怪 101
血拼：跳樓大拍賣 103
又來了 104
航次延遲 105
一次過四季 106
對家的依戀 109
外派菁英部隊 111
古代現代 112
老大們談上門女婿 114
大愚若智 116

行動費率 117
糟糕喔 118
「焊」將 119
領導你回來啦 120
老大的擔當 122
浪來了 123
算準時機 124
好熊不擋路 125
裝著魔法的瓶子 126
呼吸有你的空氣 127
荷蘭 129

CONTENTS

CONTENTS

一部片一個心情 131
英國 132
住左邊住右邊 133
別緊張 134
垃圾船 135
航線不一樣 136
中秋躲海盜 137
上船前 138
船員 140
薪水高 142
下陸地 143

地氣 144
珍惜 145
甲板當班 146
未來 147
船員 148
考試 150
一週六天 一週八天 152
大批發 153
危險・安全 154
技術高超 156
船舶老舊 157

CONTENTS

CONTENTS

殺船 158
說真的 160
心態改變 162
回家 163
下船後第一件事 164
開學 167
新資訊 169
釣魚 171
支援組 172
未來出路 173
打死不退 174

我是誰

如果你這樣問我的話，我可能會回答你，我不知道，你猜猜看啊。如果你問我是不是林靜宜的話，我可能會跟你說，也許唷，大家都這麼說耶，跟我比較熟的，會叫我靜，jimmy，宜靜，當然也有靜宜。

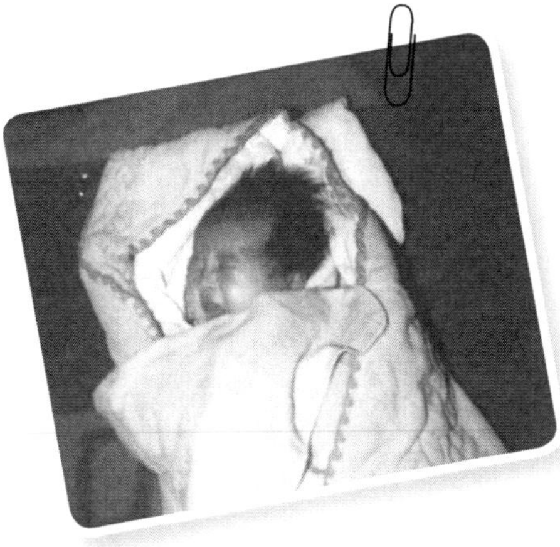

我的小時候

我出生在板橋，小時候住萬華，由於媽咪工作繁忙，所以我由小姑姑帶大。我的表姊跟表哥是兩個很妙的人，他們討厭對方，所以我小時候是一個傳話筒。媽咪說我小時候很怕生，只要出門她就要蓋一塊布在我臉上，我討厭看到人，只要看到布不在臉上就開始哭，看到熟悉的人才會笑，所以我還是嬰兒的時候，絕大部分看起來都像死掉了一樣，因為蓋著一塊白布。在上幼稚園之前，我在百福社區生活，算是三房兩廳的格局，我跟姑姑睡同一個房間，因為姑丈他們是客家人，所以大家都說客家話居多，小時候我很喜歡跟著阿嬤（姑姑的婆婆）做客家美食，也很喜歡跟著表哥表姊四處閒晃，去河邊抓魚、抓蝦子。小時候常常一覺醒來尿布不

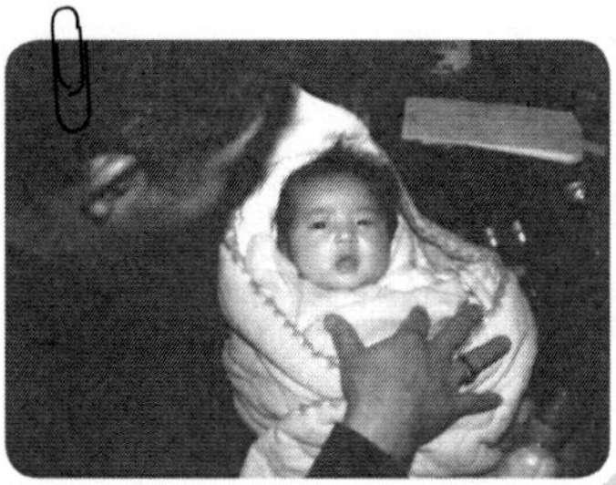

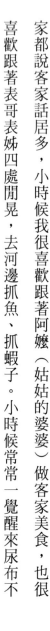

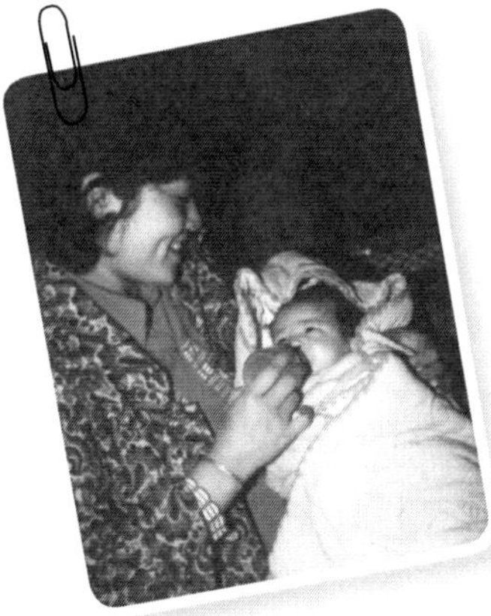

見了，害得小姑姑每次都要幫我找回失蹤的尿布。他們都說我很怪，人家斷奶嘴都要很久，我媽咪說她那天就告訴我：「奶嘴丟丟喔（把奶嘴丟了）」而自那天起我就再也不用奶嘴了。姑姑說我是一個不哭也不吵的小孩，有點像自閉症，我可以自己在家裡玩一整天不吵，也可以坐在窗戶前面看著人來人往一天，洗澡的時候我都會睡著，阿嬤說這個小孩怎麼這麼舒服啊，還可以洗澡洗到睡著，小時候我會一直寸步不離的跟著阿嬤，阿嬤都說我是跟屁蟲不怕會丟掉，我的國小跟國中過的很平凡，讀的是普通學校，還記的小時候路

過一所高中，我就跟媽咪說為什麼我是讀國民中學，人家是讀高級國民中學，我媽咪說：「啊！三八以後再說啦」。國中的時候選擇了自學班，壓力不會那麼大，依照自己性向去發展的班級，後來我選擇進入了開平餐飲科，剛入學時，老師說這是一間很好進去很難出來的學校，你們要考慮清楚。推甄進去後，哇，看到了一流的設備，當然學費也不便宜，我們一個學期的學費要七萬多元，但是相對的只要開出來的菜單，就馬上領得到材料，不管是什麼菜色，所以大家常會看到松露、鮑魚跟魚翅。

就業時期

高中畢業後，我先當上美容助理，這是一份很美麗的工作，每天接觸為了漂亮的女生，（因為我們只服務女生），為了讓她們更美麗，也學習一些按摩、保養的技巧，每天都很開心雖然薪水不高。幾個月之後，我覺得這是份美麗的事業，但是如果我繼續這樣下去會把興趣磨光的，所以我毅然決然的選擇了離職，之後我去群亨應徵當助理，（它就是黃河南的美容事業，旗下有最佳女主角、菲夢思），結果一進去，剛好大家都在忙，黃董一個人坐在沙發上，他問來應徵啊？我就說對啊，他說你坐一下，他就去忙了，半小時過後，還是沒人理我，可能我沒什麼存在感吧！十五分鐘又過去了，他再次走進來說你怎麼還坐在這裡，我說大家都在忙吧，他就跟我說應徵什麼，我說：「助理」。他說：「好吧。那你

當我助理隔天來上班。」（我就想說，你是誰啊）隔天上班之後才知道他就是黃河南，天啊！老闆的氣勢果然不一樣，結果我的職位由「助理」變成了董事長秘書，但薪水跟助理一樣，只是我多了要跟董事長說我什麼時候要休假，需要他批准，還要送公文到董事長家，結果第一個月領到的卻是工讀生的薪水，他們說是會計師算錯了，算了沒差，董事長對我很好，他是把我當自己的兒媳婦般在培養。他希望自己的助理以後能夠在自己的事業裡做事，但是對我來說工作時間太長，體力上會負荷不了，所以我又辭職了。之後有一段時間都沒有工作，阿姨他們就幫我介紹到中醫診所，當行政助理。主要的工作內容就是把醫生所開的處方，包裝起來，我們老闆是一個很會說話的人，又精通茅山術及氣功，雖然在診所的薪水並不多，但是可以學到的東西很多，在那邊學到了一些基礎的茅山術，因為茅山術是師徒制，需要拜師才能學習，雖然有拜師，但只是只略懂而已，不過還是學到了養生的氣功，幸好跟我之前學的氣功沒有互相牴觸。診所那邊教的是如何聚氣，而我自己去學的則是救人的，因為媽咪身體不好，所以想說去學一些氣功，這樣我自己也可以調養身體。做了快半年之後，學到了部分的皮毛，但是日子久了之後，總覺得自己還是要有正當工作。如果說你的興趣跟工作是一樣的話，那我恭喜你。因為大部分的人興趣是不能當飯吃的，依我的個性，如果把興趣當飯吃的話，那沒興趣不就要轉行了，倒不如選一個自己能接受的工作可以養活自己，在好一點的工作可以存錢去發展自己的興趣，所以我辭職了，我很感謝診所老闆的照顧，雖然他很希望我能留下，但我決定回學校唸書，又實現自己的夢想。

傻蛋三人組之回到陸地囉

之所以稱為傻蛋三人組呢?是有典故的。話說想當年,我們十五歲的時候,以衝動出名,什麼是衝動呢,就是別人不敢做的我們會去做,別人不敢玩的我們玩的很開心,我和大表弟還有我弟三個人合稱「傻蛋三人組」,有天心血來潮想說,我們兄弟三人好久沒有一起去逛街了,就約一個時間三個人出來晃晃,因為我那天剛回家,所以隨便挑了一件衣服就出門,我弟穿了一件他認為最舒服的,表弟挑了一件他覺得的最好看的,約好地點出發了,結果我表弟出發後,路上遇到我小表弟的同學,我小表弟就說:「哥哥好」,他同學就說:「你哥哥,你叔叔吧?你騙人唷。」表弟(悶)一個怒,阿弟出發後則是遇到他表哥,也就是我表弟的同學,他就說:「ㄟㄟㄟ你不是翔的弟弟嗎?你要去哪?怎麼穿的跟馬戲團一樣。」（P.s.1：當時我跟媽咪還有我弟去買鞋子，媽咪說：「喇妞的鞋子很好穿。」阿弟很開心的買了一雙馬糞色的，我就說：「不錯看啊。」只是顏色髒髒的，他就說：「沒關係啦，誰會看你鞋子啊。」P.s.2：阿弟很喜歡馬褲加上白襪子，媽咪去菜市場買了一件紅綠白相間的褲子，說有多怪就有多怪，P.s.3：我穿的衣服幾乎都是媽咪買的，本小姐不喜歡買東西，那天我慘叫：「啊～這甚麼鬼啊。」我的衣服上有一隻高飛狗，旁邊還有米老鼠跟唐老鴨，這根本就是迪士尼大集合嘛，冏。ㄚㄚㄚ美女啊，下次我自己買衣服好了，媽咪說：「嗯～～好ㄎㄞ唷！你穿起來真ㄎㄞ。」P.s.4：冏，老媽的眼光果然不同凡響。P.s.5：下次我還是自己買好了）他身上穿一件「吊嘎阿」，然後配一雙喇妞馬糞色的鞋子，加上一雙超明顯的白襪子，還有一件看起來很像馬戲團偷來的褲子，我則是衣服上有一隻高飛狗旁邊還有米老鼠跟唐老鴨，來不及穿鞋子，就配上一雙無敵夾腳拖，然後表弟則是長袖襯衫，加上高腰西裝褲，表弟的同學一看到就說，冏，你們家發生啥事啊，為什麼你們三個走在一起就是一個怪，更冏的，就是路上又遇到弟弟的同學，他說：「阿弟啊，你怎麼偷穿陳雷的打歌服。莫名的有一種鄉土味，難道這就是愛台灣啦。」

小路、小路、小路，空虛

話說，某天jimmy跟阿弟出去買東西，結果剛出發就接到一通緊急電話。

（表弟打電話來請求道路救援）

我趕緊跟阿弟說：我們走小路。

阿弟說：好主意。

結果~~~~~~~~

鑽進小路，十分鐘後。

阿弟：你的小路怎麼這麼小啊？只有一台摩托車的距離耶。

jimmy：小路本來就很小啊，你看過小路很大的嗎？

阿弟：可是一點都不近啊。

jimmy：小路顧名思義就是小啊。誰跟你說它比較近？

阿弟：可是一般人都是說走小路啊。

jimmy：哪有。一般都會說「抄近路」。吼～～心機重。

阿弟：ㄚㄚㄚ，下次我再跟你走小路我就隨便你。

jimmy：幹嘛這樣啊。

（一個激動，阿弟不小心把安全帽的環扣拉開了）

jimmy：用牙齒咬啦。這樣他就會密合。

阿弟：不要，那個很髒耶。

jimmy：那你放在地上用兩個手指頭夾住我踩，這樣就不髒啦。

阿弟：好吧！那你要踩準一點唷。

jimmy：好啦，快點我們還要趕去救人耶。

阿弟：好，記的要準一點唷，踩到我，你就完了。

（用力踩下去）

阿弟：（閉眼不敢看）

阿弟：慘叫～～～～（踩到他的手了）

jimmy：慘叫～～～～（頭被打了）

～～～～～～～～～～～～～到了目的地之後

～～～～～～～～～～～～～～～～～～～～

表弟：ㄟ你們怎麼那麼久。

阿弟：不要問了。

jimmy：這是秘密。

表弟：油帶來了沒？

jimmy：嗯，帶來了。我們剛去買飲料，踩罐、吼～搭，洗乾淨，加了油帶來。

表弟：很好。那我們現在要幹嘛呢

阿弟：不知道耶？

jimmy：我們去滑草。

表弟：在哪裡？

阿弟：我記得在士林那邊。

jimmy：好，出發。

表弟：嗯、嗯、go。你確定我們不會迷路。

阿弟：沒差啦，不迷路就不像我們啦。

jimmy：士林，我確定去過好幾次了。

表弟：好吧。

～～～～～～～～～～～～～～～～萬華出發

～～～～～～～～～～～～～～～～經過士林

～～～～～～～～～～～～～～～～經過內湖

～～～～～～～～～～～～～～～～經過南港

～～～～～～～～～～～～～～～～經過大湖

～～～～～～～～～～～～～～～～又回到萬華

驚！！！

表弟：怎麼又回到萬華了？

阿弟：嚇！ㄟ～鬼打牆。

jimmy：本來是我們經過一個像隧道的東西就要轉彎，你們沒轉進去。

表弟：我們還要去嗎？

jimmy：我們要有過人的毅力，既然決定了就要到達目的地

阿弟：好吧！那再出發。

～～～～～～～～～～～～～～～～萬華出發

～～～～～～～～～～～～～～～～

～～～～～～～～～～～～～～～～路途中

～～～～～～～～～～～～～～～～

～～～～～～～～～～～～～～～～經過士林

ㄟㄟㄟㄟㄟ叫你們轉怎麼又不轉了

～～～～～～～～～～～～～～～～

騎過頭～～～～～～～～～～～～經過內湖

～～～～～～～～～～～～～～～～

好吧看到可以轉的就要轉唷

～～～～經過南港

～～～～～～～～～～～～～～～～

經過大湖～～～～～～～～～～～～怎麼轉彎路口都有警察

～～～～～～～～～～～～～～～～又回到萬華。

～～～～～～～～～～～～～～～～

阿弟：鬼打牆，再試一次我就不信我們騎不到。

表弟：嗯嗯，再衝一次。

～～～～～～～～～～～～～～～～萬華出發

～～～～～～～～～～～～～～～～

～～～～～～～～～～～～～～～～路途中

～～～～～～～～～～～～～～～～～～～

～～～～～～～～～～～～～～～～～～～經過士林

ㄟ嘿嘿，轉進去啦～～～～～成功！～～～～

到了大直，已經四個小時以後的事了。

途中還看到一隻蛇從路中間快速穿過，我的媽呀！

阿弟：那我們還要去玩嗎？

表弟：來了就衝啊。

結果我們就拿紙箱子在那邊滑

十分鐘後

阿弟：怎麼感覺有點空虛。

表弟：我想回家了。

突然有種說不出來的空虛～～～～～～～～～～～～

入學前的一年

我曾跟著舅舅做事，他是一位整脊師，我跟著他學習整椎的方法，初期的想法只是希望可以調整媽咪的身體，因為她身體不好，但也就因為他身體不好，所以我要學的東西很多，必須全部學起來，所以跟在他身邊將近一年的時間。可是發覺到不是每個人都適合，如果發展成美體整椎，那女生一些比較不方便的地方比如說瘦身，大腿內側，有些女生會介意，所以舅舅發展了一套調整手法，立即見效，而且不用打針吃藥，肌肉紋理的覆位，舅舅把這套手法教給我，同時也發現到身體的疲累並不是一般所想的那麼容易，因為很多人卡到了因果或是五鬼而不自知，我們就一直研究為什麼會有這些事情發生，也有很多人祖先沒有「辦」，所謂的「辦」祖先就是一般的超渡，像是一些比如說夭折死亡的那是不能夠入牌位的，或是一些嬰靈，我們跟一般的不同，我們沒有放神明，因為我們認為拜有型的，還不如無形的，有些神明沒有入神你也不知道，而且我們也發現神明不一定都是無拘無束的，因為他們有可能會因為本尊裂開而不舒服，我們不希望大家看到的只是表面，所以我們從頭到尾都不放神明，我在那邊幫了快一年，發現只有因果永遠是辦不完的，因為我們人還活著，有人有是非就會有因果，處理一件事情不是想像中這麼簡單，我們不收費，但是每個人要自己付辦事的費用，不是有錢就可以辦，最主要是看個人修為，如果修的不好那我們會連理都不理你，所謂的修就是孝順父母，顧好家庭，從生活做起，不是要你出家或是什麼的，這就是難的地方，是要持之以恆的，舅舅某一天跟我說：「我們這邊你接觸的也差不多了，是時候該自己走出一條路了，勇敢去闖一闖吧，有問題我們都會在這邊幫你。」

迷惘

要入學了，都已經離開三年了，我該選擇什麼學校，什麼科系呢，現在都過了聯合測驗的日子，剩下獨招，獨招好像也沒幾間，那我該怎麼辦呢？我弟弟這時候已經在中國海專讀一年級了，就問問他嘍，去買簡章，哇好多科系喔，在台北市但還是有點遠，算了沒關係，有學校就好了，我就拿著學校簡章到舅舅家，舅舅跟我說自有定數，剛好旁邊的人是易經跟堪輿學教授，我在舅舅那邊的時候就認識的，他幫我卜了一個卦，說比較適合當公務員，若不是公務員那就跟著水過生活吧，在水邊做事會很不錯，另一個也是認識很久的心理學教授，他們心理學有分好幾種家族排列、前世今生、人格分裂、全心全意（沒有一個人的愛是完整的，從小到大的成長，都一定會經過一些挫折，但是當你遇到這些挫折時你的

心靈會受損，或是有不好的回憶，讓你的心不完整，無法完全的去愛人）其中一個是潛意識，還有一個是排列分析，它是一種很奇妙的心理諮詢，我先選出我要的科系，然後在由排列的方式來選出哪一個才是正確的方向，巧的是我選出來的正是輪機及航海，教授說不管怎麼選擇都是要看自己，因為命運是由自己創造出來的。隔天我就去學校繳交報名表。

二專

進入了輪機科系，剛入學看到一大群不認識的人，不安的感覺油然而生。還好班上有女生，據說我們班是歷年來最多女生的一班喔，總共有八個女生，比起餐飲科，人數比例差不多。因為餐飲科也是男生多於女生，本以為進餐飲科應該是女生居多，沒想到一班四十多人女生只有八、九個，所以進到了輪機也很習慣女生比較少的模式，入學幾週後大家比較熟識了，就問起以前讀什麼科系，沒想到大家居然都不是本科系居多，打聽之下，才知道，原來當初分班就是以科系區分，本科系的在另一班，所謂的本科系就可能是包括相關科系，如汽修科、電焊、重型機械、化工、水產養殖、理工科方面及海事類科的，老師說過二專一下子就過

了，所以大家要把握時間，在校時多多充實自己，開學後看到教學課本，每本都是中文，但是卻有如外文般的難懂，每次上課雖然聽不懂，但還是想盡學生的義務認真聽課，所以只好每節課都對著老師笑，老師彷彿也很善體人意的知道我們聽不懂，所以刻意把複雜簡單化，我們導師對鍋爐的期望很高，怕我們以後失業或是沒工作，苦口婆心得勸同學們去考鍋爐技術士，至少畢業後有個證照不怕沒飯吃。升了

二年級，想說時間比較充裕了，而且學校環境也熟悉，所以就想考個證照，加入了二專導師所舉辦的鍋爐班，每個週末都到學校報到，聽鍋爐解說，背歷屆考題，模擬操作，那年鍋爐乙級有倒扣分數，增加了考試的難度，所以除了假日上課，以及平日的複習外，其餘時間我都用來複習歷屆考題，希望畢業前至少有個紀念品，畢竟從來沒有乙級的證照，經過多番努力，除了背考題外，我還把操作程序錄影下來，平時只要電腦一開，就開始播放操作過程，直到我背下來，直到不用看也知道哪個程序在哪個方位，結果成績一出來，果然如預期般。畢業那年，聽說學校要升格成技術學院，只是很久以前就聽人家講過了，所以大家也都沒當真了，每個人都參加了二技的聯合分發，依成績高低大家都有錄取的學校。

第二次跟學校去實習

之前學校安排上麗星郵輪實習。我和班上一位女同學，還有之前同班的另一個女生，三個人共住一間房。一上去就暈船，簡直難過得快死掉了。可是之後要客房服務因為垃圾筒要滿了，所以我在房門掛上牌子，但因為整個很難過，就隨便掛上去了。

她一進房間就說：ㄟㄟ你怎麼掛請勿打擾。

我整個囧：是喔，掛反了。我想說他怎麼一直沒來打掃。

她說：那我去叫客房服務喔。

她說：好啊。我不舒服在房間等你好了。

她說：好，一分鐘後進來。

他說：那兩個是菲律賓人聽不懂國語（麗星郵輪上80％會說中文）

我說：那我去好了。

結果我就出發了，遇到客房服務人員，我就說：「請問可以幫我打掃房間嗎？我只要換毛巾跟倒垃圾。」兩個菲律賓人就去拉了另一個會講中文的菲律賓人來。於是我又重複了一次可以幫我打掃房間嗎？他就說：「什麼」？我就再重複了一次「可以幫我打掃房間嗎？」他又說了一次：「什麼」？算了，我放棄了。「i want room service（我要客房服務）」他就說：「OH！OK、OK。」

原來他會說的中文只有一句「什麼」。原來「什麼」這麼好用。嗯、嗯，下次學起來，遇到外國人聽不懂就跟他說：「什麼。」

前幾天跟朋友出去

他們就很無聊問我問題，以下是我們的對話：

小貓：兩隻腳的老鼠叫什麼？

jimmy：米老鼠。

小貓：兩隻腳的狗叫什麼？

jimmy：高飛狗。

小貓。兩隻腳「Y」子？

jimmy：Hang Ten

小貓：愣住！

一秒鐘、兩秒鐘，全部人笑翻。

結果我朋友說：「我問你兩隻腳鴨子，你跟我說Hang Ten。」

抽搐～～～狂笑

冏～現在人類的語言怎麼這麼難懂啊～（原來他是問兩隻腳的鴨子。靠靠靠，所有鴨子都兩隻腳啊，不說清楚。）

某天朋友到我家來

我就很無聊看書看累了想說休息一下

突然想到好笑的事，就在那邊傻笑

結果我朋友說：你在幹嘛啊？

我：我在講笑話給自己聽。

我朋友（跟我們家認識十年，已經處變不驚了）他說：喔，那你繼續講給自己聽吧，我走了。

二專畢業後

我們面臨了人生重大選擇，當初本想說學校不會升格，所以大家都去報考其他學校，很高興的我分發到的修平的榜首，可能是賽到的（一定是賽到的），錄取人數不多，還好有學校，但是都讀了兩年的輪機科了，沒帶點紀念品有點說不過去，讀餐飲科好歹也有一張中餐證照，但是讀輪機科二專難道我就只有四項訓練跟乙級鍋爐嗎，好怕未來沒飯吃喔，鍋爐雖然不錯，但是如果人生就卡在這裡那還有什麼意思。暑假畢業那年聽其他班級的同學說他們班導要帶人考管輪證書，聽來好像不錯多張紀念品也好，那個時候就跟隔壁班導說，我可以加入嗎，老師告訴我，我先與學生們商量一下，因為這是一個很累的考試，我要考慮看看，那一週我在打工，剛放了暑假想說找個工作也不錯，一週後老師通知我星期

一去科辦公室，老師說我要看你的決心，（其實在放暑假前我已經報名了動力小艇的營業級，想說如果不能做鍋爐，那我開藍色公路的小艇薪水也不錯，所以我就邊打工，邊受小艇的訓練），我就跟老師說沒問題，我把打工辭掉，也去跟航海科老師商量退出之後才聽他們說，他們本來不想收女生，因為隔壁班導從來就沒帶過女生，隔壁班的同學幫我說情，想說讓我試試看才說服隔壁班導的。

心態改變

整個暑假我們就在科辦（科裡辦公室）度過，每天早上八點到學校，這是我最開心的一段時間，大家曾經爭吵妥協，有好幾次大家都想放棄，但是只要有人萌生打退堂鼓的念頭，其他的夥伴們就會鼓勵那位同學，也會一起研究如何突破瓶頸，如何把書看的理解，不懂的由老師來教，很放鬆的學習，改變了在校的態度，以前本來是看著老師笑，但是完全不管他說什麼假裝有在聽，可是暑期不一樣，老師說要調整我們的心態，因為這不是一般的考試，大家要以考過為原則，所以導師不希望我們把夥伴當對手，大家一起笑過，一起努力過，也一起趁老師不在時偷偷打球跟著揮手，不過大家還是很乖的都在事後跟老師認錯，也知道老師是如何的疼我們，雖然老師不講出來，但是老師對我們的方式就像對待自己的小孩一樣，希望我們好，所以對我們的要求很高，也期望我們超越自己的極限，越做越好，雖然跟著老師壓力很大，但卻會在短時間內迅速提升自己的實力，王老師長志對我們的說過，懂要會看，看要會說，說要有一套論述，更要講到大家都聽的懂，這樣才是真正理解。考過之後，再回頭看這些過去，真的感覺差別很大，人生的起伏，就像曲線圖一樣，有高潮有低潮，當你高興的時候要去想很多未來的問題，讓自己心情起伏不要太大，當你失意的時候，找一些讓自己快樂的事，這樣的起伏到達疲乏時，你會開始覺得人生沒有意義，這個時候就可以想如何去幫助別人，這才是能導正社會的力量，雖然我們只有幾個人，但是只要以這種觀念去導正其他人，再由其他人繼續這樣影響下去，這樣的改變將會是很可觀的，做人心胸要寬大，有就有，沒有就沒有，當有一天養成了這個習慣，再來改正自己的惡習，將會把自己塑造成一個能影響別人；有主宰能力的人，而不是一個容易被取代、被淘汰的人，王老師常對我們說：你看你以前跟現在是不是差很多，你努力了那麼久，現在考過了，是不是人生的道路跟階級又不一樣了。這樣

就像走到人生的分叉路，你可以選擇要去哪邊，但是要對自己負責。考過後就像已經畫出了一個向上的拋物線，但是現在趨於平穩，所以你要在創人生另一個高峰，沒有過不去的事情，只有過不去的心情，努力充實自己，當畫出更多高峰時，再回頭來看，你會發現你的觀點跟視野會全然不同。

重大選擇

以前在二專時，就聽說隔壁班導很兇，每當我們出去實習時，看到隔壁班有如軍事化的管理，心中ＯＳ只有：「還好我不是那班的。但是度過了二專畢業的那年暑假，想想就要開學了，老師問我希望在哪一班，他希望我考慮清楚，想了想，以前的班級很開心沒壓力，但是如果換了班級壓力就會很大，而且誰都不認識。隔壁班導師每天就在我旁邊洗腦，你加入我們班的話很累喔，壓力會很大喔，而且你在我們班誰都不認識，真的要進來嗎？考慮清楚喔，等到要分發那天，我就拉了幾個跟我比較好的朋友問他要不要跟我一起跳槽到隔壁班，大家都覺得這應該是人生中最重大的決定吧 ，這整個就一個難以選擇，最後我們以丟硬幣來決定；「人頭」原班級，「字」就跳隔壁班。因為面試是輪流進去，所以我衝第一個，當他們開始丟硬幣時，我已經轉身進入面試會場了，面試老師問我要去哪一班，我說：「我、我、我，甲班好了」，面試老師說：「真的不後悔甲班？很累喔」，我說：「是啊！，但是我想試試看，我不怕。」，面試老師就說好吧，不能改喔，那你先出去叫下一個吧，出去後，他們說擲硬幣的結果是人頭，所以……，接著他就轉身進去了，面試出來後，他悶悶不樂的，等另一個進去後，另一個也悶悶不樂的出來了，我就說：「不是回去原班級嗎，幹嘛這麼悶」，他們說：「你對我們這麼好，我們怎麼可能放你一個人呢」。雖然看到他們眼泛淚光，說這是人生的重大決定一點也不為過。

最後一次的放縱

前幾天，我們跟著學校去澎湖實習，大家三三兩兩的走在一起，互相期許著未來的路，大家心理都清楚的，這次是我們最後一次全班集體出遊了，大家都很珍惜這份感情，有些事或許不說大家心理都明白，互相配合著對方，瘋狂的享受最後的時光，當中的淚水與歡笑，我們都攜手度過了。走在澎湖的街道上，冷清的空氣，也沉澱著彼此複雜的心情，一路上不語，對彼此的羈絆卻與日劇增，祝福著對方到船上要好好努力，關關難過關關過，考過的累積起來快三十個人，想到大家再過不到一個月就要各分東西，眼淚藏住了情感，也藏住了最不捨的思念，夥伴們加油了！到每個公司都要記得我們的約定，相約幾年後的聚會大家一定要到，不管過的好不好，不要忘記彼此曾經那麼努力。

別人先上船

jimmy：你要跑澳洲線吼~~。
排骨D：黑啊。你想要什麼禮物，我帶回來給你。
jimmy：好阿，我要無尾熊。
排骨D：ㄟㄟ小姐，無尾熊不會在路上跑。
jimmy：喔喔，不會在陸上，那你在碼頭就看不到囉。（失望）
排骨D：那如果我看到了要怎麼帶回來？
jimmy：藏在機艙裡。
排骨D：可是會黑黑的耶。
jimmy：沒關係啦。頂多沒吃飯，瘦了然後變小隻了，變小隻就很好帶回來。

排骨D：不對啦！藏在機艙，那一下子就死掉了，黑黑的該不會是新口味，夾
巧克力的吼。

jimmy：嘿阿！這就是小熊餅乾的由來。

狗狗：你們真的是吼～～～夠了，你以為海關會讓你帶動物喔。

上船前的一個月

因為大家要上船，所以要買工作鞋，我那天在跟同學聊天，很自然的照著二專的習慣，把手放在後面同學的桌上轉過去聊天。然後有一位同學就叫我「咖ㄎㄨ一累」，然後我就把我一隻腳舉起來放在桌上，更冏的是他說了一句：「哩咖價ㄎㄨ一，要幹嘛？（你腳張這麼開要幹嘛？）」冏，你不是叫我腳打開嗎，他說我是叫你：「『閃咖ㄎㄨ一累』（閃開一點），不是叫你腳打開。」冏。

上船前的聚會

前幾天跟朋友去逛街結果被搭訕。

ㄟ～～～小姐我朋友想跟你做朋友可以嗎？

jimmy：我不隨地交朋友。

那個男的傻眼愣住。

我朋友滿地笑，冏。

有這麼好笑嗎？

結果我朋友說：「我還隨地大小便勒。」冏。

另外有一天烤肉，有一個同學很會生火，我是加入甲班後第一次跟他們出去玩，結果他超強的啦。大家都說每次都是他生火的，我就很開心啊，就問他說：「ㄟ～你好厲害唷，你家都燒柴的唷。」

結果他說：

「誰家燒柴的ㄚ。幹嘛我家有人來拜訪，我還要說我先去劈柴唷。」

冏。

上船前一天

阿弟：老姐啊，好無聊唷，我們出去壓馬路。

jimmy：吼~~又壓馬路，別啦，這次阿淳不在，沒人可以整不好玩。

阿弟：那我們騎腳踏車去兜風。

jimmy：好啊！你騎腳踏車我騎摩托車。

阿弟：你很賤耶。

jimmy：不然我載你，然後你坐我前面。

阿弟：呃~那不是一樣我載你嗎？

jimmy：人總是要客套一下啊，不然我直接叫你騎車你要嗎。

阿弟：好啦，隨便啦。我騎就我騎。

出發亂逛

jimmy：下雨了，快穿雨衣。
阿弟：奇怪，怎麼車廂又多兩頂安全帽？
jimmy：我們做人就是要防範未然，我怕有人會偷安全帽所以多帶了兩頂。
阿弟：真的吼～～可是加我們的兩頂就四頂了耶，會不會太多了。而且掛在外面就一個卡襠，感覺很不舒服。
jimmy：不會啊，你看一頂放車廂，一頂掛外面。不知道的人還以為我們四貼耶，不錯吧。騎旗艦版的車子也沒我們這麼大。
阿弟：真的吼～～～～算了那我們去逛街。帽子，先放車廂裡。
jimmy：嗯、嗯。
jimmy：走我們回家吧。你先把安全帽拿出來。
阿弟：啊～～～。
阿弟：死老姐。

jimmy：怎麼了。

阿弟：安全帽鏡片被你壓到裂一半了啦。

jimmy：吼～多了一片價格不變，你想想看你賺到了耶。

阿弟：你以為是它衛生棉啊。我管你的，你買一個新的還我。

成員介紹

基本上呢！船員的分別是：甲級船員船長、大副、二副、三副。而機艙呢，就是輪機長老軌、大管二軌、二管三軌、三管四軌，沒考過管輪考試的稱之為實習生，有考過管輪考試的稱之為見習生，又稱見三。乙級船員：機匠長、機匠、銅匠、電機師、油頭（也就是加油的管理人員），還有水手、水手長 Boson、副水手長 casaba、幹練水手、大廚，以前還有輪助員，又稱幫軌。

人格特性

張船長：陽明第三資深的船長，很有人情味，喜歡跟大家聊時事，見識廣，航行經驗豐富，風趣健談，交大高材生。

大副良哥：只要一到港口買的都是家裡用的東西，不然就是小孩喜歡的東西，整個把家人擺第一位，不善言語。

二副齊哥：年過三十的未婚男人，喜歡鬼叫，跟NO.1船上稱謂（機匠長）很好，喜歡躲在房間吃飯，保養品一堆。

三副紀明：喜歡運動，愛打電玩，常被三軌和四軌虧到臉紅，愛噴香水。

甲板見三：

小周：喜歡F1賽車，以及法拉利的相關物品，常跟三副聊天，特色：家中地址超好記。

小徐：碩士畢業，補海上資歷，斯文安靜，吃飯時聞風而來，吃完又隨風而去。

小王：超像六師弟，老家河南少林寺附近，嚴重懷疑他是偷跑出來的。

輪機長齊老大：超愛老婆，只要下船休假都牽老婆的手逛街，散步，成名歌曲「愛情釀的酒」，是個很挺屬下的長官，熱愛機械。

大管雄哥：超會做麵點類食品讓我們很有口福，注重養生，喜歡喝普洱茶。

二管阿俊：海專學長，人很好，喜歡跟四軌聊天，儼然跟夫妻檔一樣，未婚徵女友，說話風趣，心地善良。

三管阿銘：海大畢業，因喜歡用手背擦汗，曾被實習生說是娘娘腔，台語口音超重，是個聽的懂實習生小王在說什麼的奇妙人物。

機艙見三：

小王：跟甲板小王是同學且同寢室，口音很重的河南人，不過聽久了，就知道他在說什麼了，他最常說：「窩說迪化塔們聽不懂」。（我說的話他們聽不懂）

靜宜：也就是我，住在船東房，閒來無聊會打航海日誌，找人聊天，寫字很醜。

機匠長（NO.1）邵哥：超愛煮菜，煮的也很好吃，夫人更會做糕點類的東西，每次只要一靠高雄大家都在期待有好吃的小點心，喜歡呵呵呵的笑。

機匠：金爺為人老實，不愛說話，深愛小TWEETY就是迪士尼的那隻黃色小鳥，吃飯時會穿那件小鳥的衣服，喜歡逛廚房。

電匠又稱老電：上海人，做事認真，為人老實，喜歡喝茶葉茶，回家會幫忙洗衣服拖地煮飯的好男人，很會講笑話，兒子明年要結婚。

動向・方向

平常不當班的時候，我會在房間裡。曾聽大管跟老軌說，運動是維持健康的不二法門，看著他們從船尾跑到船頭，來回將近六百公尺的距離，可惜一邊只能跑一個人，不然常常會發生撞到的情況，所以三副常說他比較喜歡跑跑步機，我也跟著去踩腳踏車，聽起來好像很健康，但其實我只去過一次，其他時間都是看

二副跟實習生小周打乒乓球（也只看過兩次），陽明公司有明文規定，血壓超過標準值三次，就會被調下船，另一項明文規定，就是一個合約若少於九個月就下船將會被扣薪水，所以只要被調下船就要被扣薪水，但是公司調派例外，因為之前很多船員，就是因為血壓和健康沒管理好，常有船員暴斃，所以公司為了大家的健康才明文規定，除了健身，在另一層樓還有兩間娛樂室，一間是甲級船員娛樂用，一是乙級船員娛樂用，都有電視唱歌設備，還有音響跟沙發，及桌椅，無聊或是星期六假日，我們都會在那邊聊天唱歌，大家也會拿出在陸地上買的食物一起吃。

蔥油餅

那天實在閒到發慌，沒事到處亂晃，大管打電話來說：「要不要吃蔥油餅？」我跟實習生機艙小王，就到大廚房集合，看著大管，拿出私人購物一斤多的蔥及一整袋的麵粉，我們大家分工合作，我幫忙切蔥，大管去和麵，小王去拿盆子裝菜，終於看到傳說中的蔥油餅了，據說大管做的麵點是出了名的好吃，真開心，和好麵，我跟小王還有大管一人一張桌子，開心的教大管交我們如何製作好吃的蔥油餅，結果因為實在是迫不及待了，做好一個就現煎來吃，結果做完也全吃完了，真害羞，吃太多了。等下再去跑個跑步機，平衡一下心裡的不安。

大廚房

在船上共有三個廚房，一個大廚房及兩個小廚房，小廚房裡各有一台家庭式的大冰箱，一個加熱式的爐子，可以煮泡麵或是一些簡單的料理，還有一個烤麵包機，因為每個星期日上午，全世界的海員工會規定一律吃土司或是香腸，牛奶。果汁，所以每個小廚房都有這套設備，大廚房有一個烤箱，一台營業用大冰箱，一個鍋爐式的蒸籠，一套廚餘處理設備，一個加熱式墊板，兩個加熱式爐口，因為怕危險，所以所有船舶都採用加熱式的，而不是用瓦斯，無聊的時候我跟紹哥下班後會過去跟大廚聊天，我剛上船的時候遇到另一個大廚叫汪汪，他幫我準備了一個白色的小盤子，超開心，因為一般用的鐵盤很像監獄風雲的道具，五天後他下船了，去接其他新船，就換之後這個大廚，每當大家吃不完的時候，大廚就會把廚餘的水跟油瀝乾，放到廚餘處理器裡，打碎，再排出船外，然後魚就會吃的很飽，真是一舉兩得。

海員工會 VS 魯夫分舵

海員工會是協助海上人員的地方，據說香港分部裡的工會，還有一棟大樓，是給船員跟眷屬休息的地方，而且價位便宜，但是只有海員可以享用。所謂的海員就是有海員手冊的人員，但不一定在船上工作，而船員就一定領有海員手冊。每個地區提供的服務不一樣，最基本的是啤酒跟一個鐘，那個鐘稱為萬歲鐘，一敲響，就要請在場所有人喝一杯啤酒。像德國就有提供網路服務，一條網路線二十元美金，隨便你要用多久，裡面還有撞球桌，電視，沙發，一些簡單的設備，就像電影演的一樣，只是裡面人很少倒是真的。那天在英國等交通車，跟一個德國的三管聊天，問他當地的美食跟他在船上的一些事情，才知道，原來國外造的船還是有區別的，比如說日本的船以精簡為目的，歐洲國家造的船，則是以休閒娛樂為主，他們的船還有觀海餐廳呢，他還說船上有許多菲律賓船員，吃飯時魚露味充滿整個廚房，令他永難忘懷。

逃難小艇

聽船員說，二、三十年前的船，因為設備不是很好，所以船員常會無聊到發慌，放大洋，在海上拋錨，然後一些人在船上留守，其他人發動小艇往岸上出發，結果因為久未發動，修小艇修了一天，才能發動，之後大家上船開出去，結果不到一半小艇又熄火了，大家七手八腳的用槳划，但根本划不動，等到小船又修好後，又過了半天，他們坐小艇到岸上坐了一天，到岸上去購物逛街，感覺那段時間真好玩，現在因為都有船舶檢驗，跟訓練課程，所以我們船每個月都會發動一次，確保船舶的操作穩定，有人說船員是三等觀光客，因為一等觀光客是旅行團，購物的天下，二等觀光客是背包客，主要以參觀為主，三等觀光客是船員，因為一下子就閃人了，或是根本不下船。

好事・壞事

在船上，有時無聊的打發，就是到甲板看海運氣好可以看到鯨魚跟海豚，那是一種奇妙的生物，當船舶航行時，海豚會努力想追上你，但是牠好像沒有煞車系統，當你很開心的在甲板看到海豚的時候，牠會跟你並肩跳躍，然後追上船頭，你就會聽見一聲，咚，之後牠就不見了，因為牠撞暈了吧？牠會淹死嗎？算了不追究。我該說牠很可愛嗎？阿災。（這是之前去玩的賞鯨船）

出發前

我準備了數不完的東西，我帶了泡麵、肉鬆、水、衣服、工作服、工作鞋、充電器、手機、筆電、電動、被子，還有一大堆的東西，結果弄了三個行李箱，頭很大，還好有一個東西叫代理行，我先把一些行李寄過去，聽船上學長說，他第一次上船不知道要帶什麼，結果所有東西都帶了，包括臉盆，結果被大副笑，我說那我帶棉被就還好吧？嗯嗯，還好我沒帶臉盆，我們船上什麼東西都有，包括衛生紙、洗衣粉、肥皂、水，以及飲料、被單、床罩、枕頭，以及枕頭套，還有衣架，還有洗衣機、冰箱、電話、書桌、椅子、桌子、衣櫃、漱口杯、毛巾一應俱全。

P.S：其實只要帶牙膏跟牙刷還有工作服，跟證件其他船上全部都有供應，整個超方便。

※感謝陽明海運高雄分公司的支援組與大成號代理行阿宏的幫忙。

四軌的工作

等實習結束後，就要當四軌了，這次上船看到四軌的工作，哇，真是不知該怎麼說，感覺好複雜喔，平時我會跟著機艙小王去量油櫃，因為要計算每天的耗油量，還有每日紀錄做正午報表，讓公司知道每天中午時刻我們的位置跟耗油量，除了這些大家還要輪流擔任伙委的工作，幫大家處理私人購物的金額，和公家伙食的費用，四軌主要是做油料的紀錄，跟污水的處理，所以只要是油跟水，都會由四軌負責，當然每個階級負責的東西不一樣。

帶纜

那天要進港時，我跟著邵哥去後甲板，看二副帶纜，（因為後甲板離機艙比較近），船頭則是由大副負責，共有十六條纜繩，前後各八條，當風大的時候有可能所有纜繩都要繫上去，這是一個危險性很高的工作，因為如果一個不注意，纜繩斷掉，它掃出去的力量，可以把人的脊椎，直接打斷，因為纜繩大約有十公分粗，此時船長跟三副在駕駛台操舵，船長在船的側邊看停泊狀況，三副負責支援，水手則幫忙拋纜繩出去，如果技術不好的船長，或是遇到颱風時，常常會遇到纜繩直接把纜樁扯掉的事，聽到這裡，冷汗一顆掉了下來，拋好纜繩後，再由大副、二副，調整攪纜機，固定纜繩，然後船長會下令放更位，這個時候樓梯就會放下去，然後領港就會走樓梯下去了。

※更位：輪船靠港時船員上下船的樓梯口。

海圖

在駕駛台上，有一個海圖室，他是由當值船副，負責在每個整點繪出當時所在地，透過衛星系統做出定位，當夜晚時，海圖室需拉上窗簾，這樣才不會影響航行。除了衛星定位，船上還有一個設備，可以觀看其他船舶大小，噸位的儀器，但我忘記它叫什麼了，沒關係不重要，因為我不在駕駛台工作。海圖室旁還有一個衛星電話，供航行時公司緊急通話用，平時如果船員有急事，也可以打，不過一分鐘六十多塊美金，所以除非是很要緊的事，不然幾乎用不到衛星電話，在過去一點是衛星雲圖的儀器，看是否有颱風靠近，在過去一點是監視錄影系統，因為怕有人在船上發生事情，所以監視器幾乎都會設在機艙，其他幾台就是船頭船尾，以及船的兩側會有監視器。

過運河

一般來說，我們過運河要 stand by 一整天，所以大家都要守在機艙裡，因為老軌看我整個很無聊一直盯著機器看，所以他去圖書室借了一本書，推薦我看，書名是《狼圖騰》，是我在船上看的第一本書也是唯一的一本。主要是說一隻小狼的故事，還有一個城內人在蒙古生活的細節，剛開始本來不覺得好看，但每次下班後，我就會想繼續看他

那天發生了什麼事，好為自己沒參與過的故事，增加一點色彩。狼的故事主要是教我們，不能像綿羊一樣軟弱，此時我想到我們當初考試的時候，老師常說的霸氣，嗯！做人就是要有霸氣，光靠眼神就能殺死人的感覺，所以我們考試前，大家都說要用眼神殺死電腦，這樣電腦就會怕你，然後就會考過管輪考試了，不過我們大家都還沒練成那套絕技，所以也只能說說而已。改天大家有機會可以去看看，那本結合時事，也很有教育意義的書，不知道為什麼，看完後會心痛，會為了草原感到不捨，我們應該學學草原人的生活，或是原住民的生活，那才是真的是與大自然共同生活的法則。

危險

我們航行會經過兩個海盜區，所謂的海盜，就是領土不受管轄範圍的地方，他們具備攻擊的武力，以搶劫船舶來維持生計，像麻六甲海峽跟索馬利亞屬於叛軍地帶。公司有規定遇到海盜不能反抗，之前有船員反抗，全船被滅口，原來海盜是真的，本以為只有小說或是《海賊王》裡才有的。我的航線會經過兩個海盜區，老軌說（也就是機艙的老大）我們到時候全船要把窗簾拉上不能透光，平時夜間航行也要把窗簾拉上，因為夜間航行怕會看不清楚，所以在房間一定要拉窗簾，但是走道上窗戶不用遮光，只是經過那兩個區域時，不能有人員在甲板上遊走，而且所有走道都必須把會透光的玻璃全部遮起來，怕會有危險，更要全速前進，所有門或是通道都要全部封鎖，因為之前有另一艘船，遇海盜搶劫，由於有門沒關好，半夜他們（海盜）從後甲板登船，船長被四把刀子架在脖子上，洗劫全船現金，或保險櫃。現在更是直接連人帶船一起擄走。另外之前聽說其他公司有船被挾持，遭到機關槍掃射，駕駛台整個都被打壞，幸好大家躲的快，都沒被流彈射到，船長開全速落跑，不然就完了。

空虛・上海・洋山

船員月底會發零用金，也就是船領薪，可以供靠港花用的，陽明公司很體貼的換成美金，但是算在薪水裡的，感覺還不錯，到了世界第二大港洋山深水港，哇哩勒，超大，廢話，就整個走不完，我走了半個小時才出港口。別問我為什麼，因為我不知道有交通車這種東西，出去的時候被攔下來才知道，我跟另一個大陸實習生一起走出去，他是河南人，哈，感覺他們人超好，我忘記辦台胞證，因為奧運期間，全大陸戒嚴，所以沒有簽證不能下去，但是他們特別派交通車把我送去通關口，可能我都遇到好人吧，所以他們還是讓我出去，我們走出了通關口，走到了觀光景點就花了一小時，大陸一個島怎麼就走這麼久（冏），實習生小王說，那是一個觀光景點，有到那邊的都會去看看，開心，一小時後，到達目的地，又走了十分鐘，到達小山頂，洋山深水港，哇，我說咱們拍什麼啊，他說就那個啊，指，遠遠山頭一隻很像烏龜的，我說喔，那個啊，他說反正我要寫書，就算我說他是鱉也行，反正也沒人知道他像什麼，我們從天亮走到天黑，聽起來很恐怖，但是其實我們是六點下去的，所以走到天黑是很正常的，晚上的草皮，青蛙四處跳，我們又走了一個小時回到船上，上船後，輪機長很緊張的跑過來說，你們兩個自己出去啊，很危險耶，到時候出事了怎麼辦，我們兩個笑了一下，還好沒事，紹哥就問我們兩個去哪玩啦，我就說我也不知道，小王帶我去看一隻很像龜的鱉，紹哥就無言，然後默默的把眼神移開，假裝沒問，大家也很有默契的找自己的事做。

曬月亮

下班，吃過晚餐後，我會回到房間的樓層，換上拖鞋，一個人跑去甲板上看月亮，皎潔的月光，有人說國外的月亮比較大，我覺得中秋節時的月亮比較大，船上的星星很多，不是因為娛樂不多，所以星星多喔，是因為沒有光害，想要有光害也很困難，如果晚上窗簾還拉開，這時候駕駛台就會打電話下來，叫你把窗簾拉上，一個人坐在甲板上，斜倚在甲板外的樓梯，看著海，心想哪天會遇到海怪啊，或是遇到海龜也可以，不然看到鯨魚我也接受，但是等了兩個月，什麼東西也沒看到有點失望。好吧，老實說我是為了看魚和其他生物才出去，假裝看月亮的。

思念

思念猶如海浪，一波波的侵襲，每天與日俱增，在這一小塊陸地上，我將秉持著信念，守護著每日的思念。

談一輩子的戀愛

每天都有人結合、分離，人是脆弱的，因為自己的脆弱而開始尋找能庇護自己的人、能安慰自己的人，一旦擁有，不是擔心失去，就是不懂得珍惜而放棄。

我曾聽過一個故事，某位大哥的太太；我想也許這就是他會跑船的原因吧，他說幾年前他船快到台灣時，接到家裡電話說：「太太已送入加護病房。」船一靠好，這位大哥馬上坐飛機北上看她，醫生說：「再晚一點，太太可能就沒救了。」他說：「那現在呢？救得活嗎？」「還要再觀察一陣子」醫生說。他握著太太的手有反應了，我想那時他心裡一定喊著：「加油，為了我，為了妳自己，為了孩子，不要走。」而大嫂一定聽的到大哥的聲音在哭吧。突然發生這種事，要公司臨時調派新的人手，是不可能的，大哥幾經深思後，又考慮到醫藥費和四

個孩子，懷著極度擔心不安的心情、生死不明的妻子回到船上，直到船到了新加坡打電話回家，才整個人放鬆下來。因為太太醒過來了，但未來要靠著持續就醫才能生活，等到大哥下船休假，太太哭著說：「讓我走吧，如果沒有健保給付（目前不必自費），一個禮拜要去醫院三次，每次四到五千，一個月近六萬的開銷，怎麼辦？我也不是完整健康的身體了，怎麼辦？我還是可以領殘障手冊坐公車免費的人，怎麼辦？」大哥說：「這都沒關係，我付得起……，我可以一直照顧著你。」

愛的四行程

進氣：剛交往觸電的感覺。

壓縮：在體內醞釀他喜不喜歡我。

爆炸：交往時愛的感覺。

排氣：不合適兩人分開。

二行程消耗燃氣功率大，四行程可以加裝排氣渦輪機增加效率。排氣完整節省作功損失。所以四行程比較多點選擇分散投資效果比較好。不要只對一個人好。

克希赫夫定律

輸入不等於輸出：你愛他多他，不一定愛你這麼多

風浪大，機器有雜音不能修復時，封缸運轉。如磨耗過大，吊缸。愛情有困

難時先擺一邊等可以解決時，修復它。摩擦過大，換新的。針閥及其閥座高速運轉時正常，低速時有洩漏情形。則此閥座密封不良不能用，須整組更換。

兩個人在一起時濃情蜜意，當兩個人有問題時不能溝通，則兩人將會長不久。現今大船舶須航行較久，所以皆用可變螺距更改螺槳距離，正倒車都是正轉無需換向，可直接進行。

愛情須長久，要可以改變自己行為配合兩個人以後的生活，不需改變本質，但兩個人都須為了小孩而進行暫時或永遠性的改變。

啟動油壓中若有空氣則油壓難以建立。結婚後若有其他的桃花，則家庭和諧難以建立。

一輩子的承諾

男孩與女孩在一個會移動的陸地上相遇，男孩看到女孩第一眼，並不覺得有什麼特別，女孩覺得男孩很花心不是女孩喜歡的類型，女孩有說不出的保護色，只有男孩看出她的無奈跟脆弱，男孩給女孩勇氣跟逃避的空間，默默守護著她，男孩跟女孩說過妳是閃亮的星，做妳自己就很迷人，但是女孩不是很認識男孩，男孩也不是很了解女孩，但他倆總是並肩而坐，某天半夜女孩打給男孩，睡夢中的男孩被吵醒，頂著睡意幫女孩煮了食物，她吃著昨天到今天的第一餐，男孩心疼的看著她，每當女孩不舒服時，男孩都會體貼的不打擾，女孩聽男孩說著以前受傷很深，不想再有任何感情，女孩深知那種被傷害的痛楚，女孩經歷過無數次的痛，所以女孩落寞的離開了，但在女孩心裡卻泛起不捨，離開陸地前女孩遇到人生中最需要勇氣的事，男孩說如果可以，我多想帶著你逃離這一切，幫你擋下這一切。男孩為女孩準備了船上最後的一餐，雖然女孩沒來得及吃完，女孩把感動藏在心底，直到女孩離開了那移動的陸地，男孩跟女孩還是沒有交集，也沒有約定跟承諾，但是男孩給了她一封鼓勵信，讓女孩有勇氣面對一切，女孩禮貌性的給了男孩一個擁抱與道別，此刻複雜的情緒，卻有如海水般蔓延開來。

男孩繼續在這片移動的陸地等待著女孩，看著潮來潮往，日出日落，男孩很期待女孩能回到這裡，回到當初相遇的地方，男孩的思緒卻像浪花般層層累積，女孩經過多次努力，回不去原來的陸地，男孩淡淡的說沒關係，這都是不確定的，男孩在電話裡跟女孩說我們順其自然，不一定要承諾，因為承諾總是未必能做到，男孩害怕再觸碰到愛情，男孩心中的激動停在嘴邊沒說出來，女孩默默的掛了電話。

男孩打給女孩問起近況，女孩靜靜的說，男孩充滿了心疼跟不捨，雖然此刻的兩人還是沒有交集，男孩跟女孩說了一個故事，百分百男孩跟百分百女孩相遇，他們在第一時間，就知道對方是百分百適合自己的人，但他們約定依照命運的安排而分開，彼此都跟不是百分百的情人交往，直到傷痕累累，多年後百分百男孩跟百分百女孩再次相遇，後悔當初沒有在一起，男孩鼓起勇氣問女孩是否願意考慮男孩，女孩記得男孩說過害怕觸碰感情，女孩怕男孩孤單，也怕自己做不到承諾，就這樣讓彼此延續下去，女孩累了，累的不想再談戀愛，累的哭不出來，女孩鼓起勇氣跟男孩說我們結婚吧。

男孩依舊在移動的陸地上等女孩，夜深人靜時男孩總會想起女孩的點點滴滴，女孩不管多忙碌總會想，男孩這時在做什麼，男孩給女孩的愛足以女孩珍藏一輩子，女孩想跟男孩說，思念是一種幸福，一種專屬於女孩的幸福，任何人都搶不走，男孩將思念埋藏在心理，男孩不急著找女孩，雖然彼此不熟悉，雖然連手都沒牽過，女孩跟男孩說不急，我們有一輩子的時間可以慢慢談戀愛，男孩甜甜的笑了。

男孩曾經說過「神主牌理論」，男孩說當有一對人人稱羨的情侶，在炫燿著彼此是如何的幸福，說著彼此是如何擁有對方，如何天天守在一起，一個老婆婆走過來說，這都不是真正的完全擁有對方，當你的老伴變成神主牌時，這才是真正的擁有了對方，男孩認同這樣的說法，並希望以後也能像老婆婆說的那樣，女孩想跟男孩說，女孩也希望像男孩說的一樣擁有對方，但是女孩是捨不得男孩留下任何一滴眼淚，所以才這樣選擇，女孩捨不得男孩孤單，所以選擇跟男孩做一樣的決定，這樣兩個神主牌放在一起，才是真正的彼此擁有著對方，男孩跟女孩說，如果有下輩子，女孩要投胎的近一點，這樣男孩就可以守護著女孩，不讓對方孤單。

女孩給了男孩半年節日的陪伴，直到男孩離開那片陸地，男孩跟女孩說，愛上男孩會很麻煩喔，麻煩到會延續到下輩子，麻煩到下輩子也不能跟更好的人在一起，女孩知道男孩跟女孩一樣的守約定，男孩約定了女孩兩輩子的幸福，女孩想跟男孩說，不管男孩做任何決定，那是男孩的決定，女孩會一直守護著這份感情，這是女孩的決定，女孩會永遠記得男孩給過的回憶。

我每天有一千四百四十分鐘可以忘記你，每週有一萬零八十分鐘可以忘記你如果可以我希望用一輩子來記得你、收藏你所有點點滴滴。

我知道不管發生什麼事都有你在身邊守護我、陪伴我。我不擔心，因為我們最遠的距離只在轉身間，我心永遠跟隨著你，放你的心在我心裡，永遠等待著你。

河堤晚風輕輕吹送浪花輕撫沙灘，或流星劃過。握住流星送給你，也獻上我最真誠的心，不管前方的路是好是壞。我都想陪你一起度過。

好想擁你在懷裡，感覺你的心跳我的依靠，愛到天荒地老除了你我誰也不要，想你在我夢裡 溫柔的向你訴說我的情意。伴著你直到你沉沉睡去。

愛可以很輕，輕到不露痕跡的把你捧在手中；愛可以很重，重到思念你的我快不能呼吸。

我們總有難以言喻的默契，躺在你懷裡感受你的呼吸，胸膛的起伏，證明我們此刻在一起呼吸，感受你的氣息，刻劃出我深愛的妳。

每當黑夜來臨，總是特別想你，躺在床上閉上眼睛，腦海中便浮現我們每次相遇，你的每個眼神每個身影，你的腳步、你的笑語，你的一切一切都令我深深著迷。

釣魚

聽船上的學長說，他們之前開美國航線，由於太無聊，所以輪機長去港邊釣魚，忽然發現港邊有很多不明物體，他們就叫船上打探照燈，結果發現整個港口旁都是海豹，吼，超口愛，其中有兩隻海豹，看到有人在釣魚，牠們就在釣竿旁邊一直游，把魚趕跑，看輪機長整個在生氣，就在旁邊喔喔叫，然後拍拍手，在那邊玩親親，如果我是那個輪機長，就不會不開心了，哈哈。

豐收

今天豐收，如果我是漁民，我會很高興，因為我們的海底濾網堵塞，全部都是魚，冏。全員出動，拆機械，由於海水幫浦馬力很大，所以都會把魚吸上來，魚都會卡在濾網上面，主機是由海水冷卻淡水，淡水再冷卻主機，所以當海水流量低時，水沒辦法帶走主機的熱，主機就會過熱，過熱，進氣就會不良，而造成耗油過高。所以就要定時清洗。大家趕緊打開一看，哇哩勒，滿出來的魚，整個無言，低位海底門，跟高位全都滿了，所謂的海底門高低，主要是在港口用高位海底門，因為怕進出港用低位會把泥沙吸起來，在外海則用低位海底門，因為怕用高位海底們會把垃圾吸進去，真的是大豐收，滿滿的都是魚。

下雨

一日清晨，假日的悠閒讓我忘記了吃早餐的時間；其實是懶得起床。看著窗外下雨了，好想在窗外看到躲雨的行人喔，好像此刻我還在家裡，看著到處躲雨的人，這時的我是悠閒的，彷佛貓坐在窗口般的看著窗外，但是如果有人從我窗外走過去我應該會嚇死吧，因為我住在駕駛台的下兩層而已，算是第三高的樓層，但是我還是會想穿雨衣去甲板上走走，不過也只是想想而已，因為回來還要再洗一次澡很麻煩。

迷思

本來以為什麼東西都很好處理，剛上船的第一天，就被輪機長叫去，他說船上所有垃圾都要經過分類處理，哇靠，整個超麻煩，看我們的船連廚房垃圾都有分類，整個很專業，輪機長說我們船所有油料都要紀錄，經過歐洲他們會算花了多少油，如何處理那些油，都要紀錄下來，包括所有污水的動向，還有污油如何處理。一般可以在外海打出去的油，是經過油水分離器處理過後，油含量少於百萬分之十五，也就是15 PPM，艙底水也一定要經過處理，才能打出海，可見環保意識的抬頭。我們真的要愛護海洋。只是看輪機長的資料那麼多，整個頭很大的感覺，每個資料動向都需做成書面的資料。據說別家公司，只是在機艙加裝了一個小管子，被國外查到，他們就說合理懷疑，他們偷打污油，船公司被罰美金一千五百萬元。據說另一條船，他們好像也是疑似偷打污油，結果輪機長跟三管輪被抓去坐牢，而且是國外的牢，整個很糟糕說。

海洋深層水

我們的洗澡水，是經由過濾器分離大量的鹽分的海水製作成的淡水，再經過加熱變成適合洗澡的水溫，但還是會含有些微的鹽分，這是我們一般用來做生活用水，比如說洗澡、刷牙、馬桶等。因為海洋深層水喝多了，會有掉髮的危機，所以船員都會自己購買礦泉水，作為飲用水。

危險二

前幾天，在駕駛台看到「水龍捲風」，它是一個直衝天際的水柱，據說超危險，會發生海難有時也是這個原因，因為我們船速很快，所以當看到的時候就已經來不及了。還好沒發生事情，因為天候不佳，所以航行到印度洋時，海上呈現陰霾狀，霧茫茫的一片，大太陽，甲板氣溫高達35度，平時甲板只有25度左右，當然每個地區的溫度不一樣，甲板溫度也會不一樣，更由於路經非洲，所以機艙溫度經過強力通風下高達五十度，平時機艙只有40度左右的溫度，在機艙控制室那層有一台最低溫30度的冷氣，平時大家做完工作休息時都會湊過去吹一下冷氣，剛好那天我們要洗淨油機，整個超熱，因為淨油機房是全機艙最熱的地方，所以熱上加熱，大家快趴了，用手滑車吊起淨油機時，手差點被鐵鍊燙傷，雖然工作服很厚，大家還帶上手套，但是手腕處會裸露，我一碰到鐵鍊就趕快丟開，整個超燙的，每個人每次都攜帶了兩三瓶一千五百CC的水才夠喝，聽老船員說，如果一直持續作工不喝水稍做休息的話，人會因而引起熱衰竭，暈倒。

見怪不怪

當我們要靠碼頭的時候，是全船最緊張的時候，必須全船戒備，機艙要提前一小時STAND BY，甲板則是提前半小時全員戒備，一部份人在船頭一部份人在船尾，要進出港船長都會緊張到發抖。由於不是每個港口船長都熟悉當地水路，所以就會有領港上船帶我們出入港，如果相當熟悉水路的船長也可以不靠領港，自己進出港口，像我們協明輪船速度快，船身大、噸位又重，只要一個不小心整個港口就毀了，但是只要到了紅海，他們上領港的時候；只有他們這個地區的領港會做這樣的事。嘿、嘿，大家都聽過回教國家吧，前幾天上去甲板參觀，驚見很多旗子，好奇心驅使下問到，他們就說：「那是要給蘇伊士運河的領港用的。」我說：「為什麼那麼多啊？」二副就說：「他們每上來一次，就要一個新

的。」而且船只要撞在一起就會很嚴重，又是在重要河道內，基本上過運河最多都只有兩台大船擦身而過的距離而已，所以一個不小心就會撞上，但他們只要時間一到，也不管是否進出港，就拿著旗子鋪在地上，開始五體投地的拜，整個傻眼，大家都超緊張，怕會撞船。

血拼：跳樓大拍賣

那天船長緊急說，我們船上的伙食不夠，要緊急購買水果，所以我跟著四軌小周還有二副，一起下船購買水果，聽小周說海員工會的阿嬤人很好，所以我們就跟她商量，請她載我們到當地的大賣場，購買水果，一到那邊，大家就推了四台車，把架上的所有蘋果全部扛下來共六大箱，搬去結帳，結帳的時候，路人還以為是跳樓大拍賣，還問我們有沒有打折，搬了那麼多水果，感覺好像難民營來搶糧食的。

又來了

海底門又堵塞，可能又滿載而歸了，他們說清理海底門，怎麼這麼多蝦子啊，哇！加菜囉，之前是塞滿了小魚，但是都被海水泵浦抽到都黏在濾網上肉都爛了，所以只能清完之後再回歸海裡。真可惜，算了，反正也沒人敢吃，這次是好多小蝦蝦在濾網中游來游去，超可愛。

航次延遲

我們在英國時，公司臨時通知要把比利時的港口刪掉，因為我們航次已經延遲了兩天多了，北海領港一聽，就說他要在德國下船，因為少一個港他就少賺一趟，他說要回去領港站，等下一條船，所以我們就沒有領港，船長一聽，就冷靜的說，二副現在快改航線，我們自己開出去，二副一接到命令，就火速抓起海圖衝到駕駛台，重新規劃航線，幸好憑著船長臨危不亂的機智，大家安全的從歐洲開到蘇伊士運河。

一次過四季

上船在台灣是夏天平均溫度大概二十八度左右，到了新加坡，位於赤道，太陽超辣的平均溫度大概三十五度，曬在身上整個很痛，下陸地逛逛時，發現人們也都躲在冷氣房內，很少有人外出活動，可能是怕曬黑吧。新加坡除了華人外，還有馬來人跟印度人，逛街時發現很妙的一件事，只要隨便進一家店，看到跟我們同樣膚色的，幾乎都會說華語，但是他們的國語會有口音，所以一聽就會知道你是台灣人還是新加坡人。我們去逛了當地最大的百貨公司，據說一天逛不完，結果真的逛不完，因為我一直在迷路。本想說吃看看當地的特色料理，點了一個海南雞飯跟肉骨茶，我終於體會到什麼叫做有夢最美，希望相隨。我們凌晨兩點靠港三點加油，大家撐到早上九點，這次據說是快的，然後利用休息時間去岸上來搭車，逛到下午三點回船。新加坡的捷運很高，離地面超遠，整個很刺激。我們買了套票，他們的套票是一個很妙的東西，因為連計程車都可以直接列印出票來，然後可以用來搭捷運，或是到各區觀光，就像遊樂園一票玩到底，之後船航行到了非洲，一片荒無的沙漠，另一邊則是繁榮富裕，一問之下才知道，原來很繁榮的那邊是依附著尼羅河流域，沿途兩岸建築很有特色，我看見了長的像布丁的樹，因為所有的樹都剪成圓圓的，你會看到很多綠色的布丁。到了埃及，會有當地的小販上船來販賣東西，無聊時可以去看看，他們會賣一些假貨，仿樹皮的畫，還有一些金字塔，聽說有實習生買過會退色的金字塔，如果有閒錢的話，可以買一些回去當紀念品，不過要記得殺價，因為他們會坐地起價，紅海地區，除了一片荒蕪外，再來可以看到的就是滿滿的航行船隻，跟黃澄澄的沙漠，吼，機艙溫度四十幾度，雖然平時也是四十多度，但是一個是四十初頭，一個是四十多度，感覺差很多，根本就是雞腿比大腿的感覺，尤其在過蘇伊士運河的時候，大家都快要熱衰竭了，相較於台灣，整個不像夏天了。接著船又繼續航行，往北走，經過了葡萄牙，過了海峽後，天氣開始變冷，溫度下降到十幾度，機艙溫度低溫達二十五度，駕駛台要穿大衣，才能抵擋得住寒冷，因為駕駛台都是儀器設備，所以溫度要比住艙低很多。一般來說我們在英國、德國、荷蘭，都會有一個領港上來，本來是一個港口一個，但是這裡例外，所以在這邊上的領港稱為北海領港，他會陪我們跑完歐洲整個航次，所以會在船上住一個星期，他們歐洲人居然穿短袖上衣出門逛街，看到我們穿著長袖外套，還問我們說你沒事吧，如果運氣好的話，還可以跟北海領港訂海鮮喔，比一般陸地更便宜，因為是領港自己抓的，可惜這次沒機會能見識到，聽船員說如果到了一月份，一邊加油一邊值班，你將會看見大雪紛飛天色漸暗，此時當班的人除了寒冷，另一項感覺就是，世界很像只剩下我一個人，安靜的可怕。

對家的依戀

船員是一個職業，也有人只把他當一個行業，跑船的人對家有著超乎想像的依戀，因為愛家，所以跑船維持生活，希望家人過更好的生活，而獨自忍受寂寞，獨自忍受當班時寒風刺骨，放眼望過去，只有呼嘯的風回應你的呼吸，大雪紛飛時，住艙內溫度低達十度左右。船員的家人，更要有堅強的韌性，丈夫不在身邊，船員的夫人們，更是期待家人團聚的那一刻，在船上，我很喜歡聽船員們講自己家裡的生活，他們充滿了驕傲跟自信，就像家是自己的一切，船員跟船員之間彷彿也有一種不可分割的情感，雖然相處時間很短暫，不像陸地上同事間的見面時間那麼長久，但是能同在一條船上，大家把生命繫在一起，把安全交付在彼此的手上，就像一條生命線，把彼此緊緊的綁在了一起，有人說同船三次以上是緣分，因為這是很難遇到的，我只知道，當大家再度同船時，高興跟興奮的感覺是不可言喻的，但仇人見面分外眼紅，那就另當別論。

外派菁英部隊

在荷蘭與德國，公司外派的員工來船上，所謂的外派就是由國內，特派菁英去國外負責貨櫃的接洽，能派駐國外的據說都是有出國留學或是公司內重要幹部，而且每一次外派，都是很長的一段時間，大概三到五年為期限。看到他們到船上來，跟大家一起吃飯，感覺他們在外地真的很辛苦喔。外派有男有女，但是荷蘭代表只有一個人，家人也不在身邊，感覺上就像另類的船員生活，雖然是在陸地，可是也人生地不熟的，還好他已經待了好幾年，已相當熟悉當地環境。我這次去荷蘭，代表還特別派秘書帶我參觀一下當地，整個「揪感心」，很感謝荷蘭代表的熱情，也很感謝德國代表上來看我，吼，陽明都是好人吼，你們真的太好了啦。

古代現代

以前資訊不發達，有時候船不靠港，船員只能用通信，交給代理行寄回去，所謂的代理行又稱交辦店，就是船上伙食購買的一個管道，因為船員購買食物不方便，所以船上的伙食，會由一個機構當仲介幫船員買好一到兩月的菜量，船員如須購買私人物品，則交給船上的伙委寫（也就是伙食委員），來計算多少錢，仲介就是賺公家的購買費，私人購物算是代理行幫大家買的，所以很多船員都蠻依賴代理行的，通常寄到家裡已經是兩個多月後的事了，我好奇問了一句，會有船員養鴿子飛鴿傳書嗎，他們笑答，那鴿子不就累死在海上，我問那有會暈船的鴿子嗎，他們……逃，各自鳥獸散，以前船員的規定沒那麼多的時候，有船員帶寵物上來，還有狗狗會暈船的呢，在船上一直吐，超可憐的。據說，以前我們開往大陸的船，有人買過小猴子，跟紅毛猩猩，不過那是三、四十年的事情了，那個時候還沒管制那麼多，所以可以攜帶，現在船員法規定很嚴格，只要是動物，或是要攜帶上船的寵物，都要經過通關檢驗整個很麻煩，所以現在船員也幾乎都沒有帶寵物了，看不到以前的盛況了。看著輪機長講的口沫橫飛，講述著以前的趣事，感覺世代真的在交替，以前船員多如牛毛，現在精簡化，變成無人制了，當班人員在房間當班，我想以後可能會變成航輪兼修，航海跟輪機一起做事，或是以後機艙都看不到一個人，由機器自己操作，未來真是無限可能。

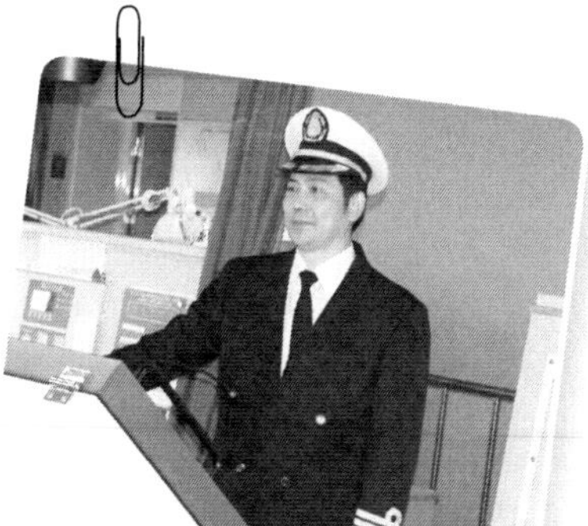

老大們談上門女婿

那天老軌介紹我看一部片，片名是《上門女婿》。是訴說早期六十年代，農家貧苦生活，有一憨厚老實的男人身強體壯，但卻為了填飽肚子而煩惱，有一次偷糧食被抓到，要被抓去遊街時，救了一個獨生女後，被那一家的父親相中，想要招他為上門女婿，但獨生女卻不想待在農村，所以想委身給村裡有前途的男人，但是沒想到那個男的就此回城裡結婚了，上門女婿知道這件事後，還是不離不棄的愛著她，甚至愛肚子裡不是她的孩子。邵哥和老軌說希望我能找到像這樣的好男人，希望我能很幸福，找一個盡心盡力愛我的對象，我說那我在我房門口貼徵上門女婿，每個來的人還要寫履歷。

上班時間：需隨 call 隨到。

責任制：雖不經手財務，但須做付帳之重責，且購物後需要毫髮無傷的將物品送到家。

條件：溫柔體貼，還要心胸寬闊，應徵後不得轉調部門。

公司待遇：換到會心的一笑，無價。

聽完後，大家哈哈哈哈的笑成了一團。

大愚若智

三軌：小妹阿，你清完造水機的缸頭後，地板掃一下就好。
靜宜：喔，好阿，我快弄完了。
三軌：我去看一下發電機，alarm在叫。
靜宜：……默默清理。
三軌：小妹，你幹嘛偷擦地啊。
靜宜：我想說幫你擦一下啊。
三軌：可是我的地板怎麼霧茫茫的一片
靜宜：我也不知道耶，我只是拿拖把拖啊，大家擦地怎麼拖完都會反光，你們偷打臘吼。
三軌：哪有啊，下次不要偷偷幫我擦地喔，我會生氣喔，你乖去旁邊去。
靜宜：喔。

行動費率

在海上沒有收訊，但是每到一個港口又想打給家人時怎麼辦呢？我那個時候天真又傻的辦了國際漫遊，問了其他船員，才知道原來大家都買當地的電話卡，打回去更是便宜一大半，比006還便宜喔！我那時還不知道，在過蘇伊士運河時打回家，結果一秒鐘一百多元，泣……，整個想哭，還好只打一下子而已。大家都在當地買電話卡，所以船員都有很多外幣跟電話卡。到當地換現金時會收一道手續費，像德國手續費就將近台幣五百元。不管你兌換多少錢，反正手續費就是五百，所以用刷卡會比較便宜，且不用兌換當地貨幣。

糟糕喔

靜宜：你頭髮看起來很糟糕喔。

四軌：為什麼？這是我的型，除了留長頭髮，就是平頭。

靜宜：喔！可是現在看起來像豬哥亮耶。

四軌：會嗎？你是第一個這樣說的耶。

靜宜：對啊，他們可能不敢說。

四軌：是喔，好吧，那算了。

靜宜：人家型男是頭髮抓的很有型，或是剪的很有型。

四軌：那現在看起來很不「型」喔。

靜宜：沒人這樣形容啦。冏……

「焊」將

船上最會焊接就屬邵哥了，那天看他把水手們拿來斷掉的欄杆，他只是看了一下，拿鐵尺量一量，就可以做出款式複雜，但是實用性更高的欄杆，而且一模一樣更是再簡單不過。我那時笑著問金爺，真的這麼厲害喔？金爺說邵哥還可以做出挖耳棒並刻出防滑的刻痕呢，很難相信吧……。

領導你回來啦

一日

老電：以前有一次領導上我們的船（領導就是他們說的主管）

靜宜：嗯嗯。上來做什麼。

老電：他們上來看船員的生活。

靜宜：爬軟梯上來嗎？

老電：不是，他們放硬梯子給他爬。

靜宜：喔，那對他們不錯啊，軟梯很難爬。

老電：是啊！可是那次領導聽船長說：「上領港，領導說：『為什麼他們用軟梯啊？領港什麼階級啊？為什麼他們有軟梯？』」

船長：喔～他們大概就只是課長那個階級吧。

領導：那我也要有軟梯啊。

船長：那我也放軟梯給你好啦。

（看見領導很努力的爬，也爬不下去，整個氣到。這什麼鬼啊！）

老電：在我們內地，他們說的軟鋪，通常都比較高級，所以領導以為軟梯比較高級，所以他想要軟梯，結果他就掛在船邊上不來也下不去。

老大的擔當

某天做完工，看老軌坐在那邊。一問之下才知道，他在想報告該如何打比較圓滿。有些人的好是說不出來的，因為老軌對屬下的疼愛是好到說不出來的，他會先把責任都自己扛下來，默默的煩惱，對家人的愛也是，像大副雖然不善言詞，我也不常跟他說過話，僅有的兩次是他打來廚房，我鬧他說，大廚說他不在的時候。因為他打了兩通，所以是兩次，但是輾轉聽其他人說，大副不下船購物是因為不想花錢買自己的東西，他想把所有的資源全部留給家人，想給老婆最好的愛，雖然他的老婆身體不好，但是大副卻不離不棄，把所有的愛都留給了他們，我們輪機長也是，回到家也是牽著老婆的手，雖然牽手超過了半世紀，但是那份關心跟疼愛，卻隨著時間的增長與日俱增。

浪來了

聽輪機長說，以前小船很晃，大家因為沒有位置吃飯，所以吃飯都在後甲板吃。每次浪一來，大家就一人抓一個盤子，可是盤子裡面的菜餚，因為浪大，盤子裡的東西全都灑出去，整個很無言。每次大家都要很快的夾菜，然後浪來了，就趕快跑去追自己的菜，很好玩！那也是小船才有這種經驗。我剛上協明輪時，因為船很大，還不習慣在船上起居，結果刷牙的時候，船緩慢的傾斜十五度，我的反應不是很快，以為跟在陸地上一樣沒在動，結果就刷著刷著差點把牙刷吞進去。

算準時機

有船員跑過美國西部的航線。他們說美國西部一到冬天，會很冷，航線會結冰，所以最多只能走三條船，其他都要有破冰船才能過去。所謂的破冰船是北極海域才有的，但是當經過冰層不是很厚重的區域時，大家就會由船艄，也就是船頭比較厚實的船先開進去，其他船在後面跟著。之前有一次，時機沒算準，結果船到海上結冰。那個時候是三十幾年前，美金很大。大家都因為船跟河水都結冰，就步行下去打工賺美金。路上還有海豹在冰上逛街，想想以前船員的生活真是很好玩，但是那是看到表面而已。其餘大部分的時間大家都待在自己的房間，只有吃飯時才看的到人在走動，不然幾乎都看不見人。輪機還好，因為做工時大家都是分工合作，但是當船副就會比較寂寞一點，因為每次當班最多只有兩個人，就是當值船副跟一名水手。有些船有實習生的話，就會多一個實習生跟著當班。

好熊不擋路

以前船員走美國線，都會遇到奇奇怪怪的事。那個時候要下貨，所以船員都要忙著操縱吊車下貨。結果一隻美國棕熊，坐在我們要下船的樓梯口。大家都很驚恐，哇！這是要怎麼下去啊？結果當地的船員說：「那隻熊老了，只是要討東西吃，所以只要給他吃東西，就不會傷人。」所以船員每次走過去都要給過路費：一條魚或是一盒餅乾給他吃。下陸地之後，大家想說在海邊就有海產，可以挖來吃，就下去挖。沿岸海豹成群，整個沙灘上都是海豹，他們見到人走過來，就把屁股移開兩步，看你在做什麼？然後看你挖到很多海產，所有海豹都靠過來想分一杯羹，又被抽了一次過路費，原來這就是所謂的地頭蛇！

裝著魔法的瓶子

船到了荷蘭，陽明辦事處的代表上船，關心實習生生活過的如何，順道帶著我去參觀荷蘭當地的景點。ROYA是當地皇室居住的所在地，當地教堂有百年的歷史，底下是埋葬皇室成員的墳墓。整個教堂看起來莊嚴肅穆，他們皇室婚喪喜慶都在那裡慶祝。路上我還看到了一間小店。它是一間顏料店。很像哈利波特會用的魔法瓶子，裝著七彩的顏色。德國的地下鐵像是九又二分之一車站，彷彿走到了童話的國度。我笑著跟代表處的秘書說：「你們在童話故事裡上班的感覺很棒吧！」秘書笑而不答。

呼吸有你的空氣（回國禮物篇）

jane：咦～這什麼鬼？
Jimmy：我送給你的貼心小禮物。
jane：可是怎麼怪怪的。
jimmy：因為我出海去國外。
jane：所以這是什麼？
Jimmy：這是國外的空氣啊。（以一個很漂亮的小瓶子裝著。裡面什麼都沒有。）
jane：＊＊（髒話）誰會送這個。
jimmy：我啊
jane：你上次生日已經送過我家庭號平版衛生紙了。我看下次一定會是更機車的禮物。

jimmy：當然囉。送大家都送的哪有什麼心意。

jane：唷，真是謝謝你唷。（打我中）

jimmy：ㄟㄟㄟ這是特別的禮物耶。誰想的到，這麼別出心裁。這禮物可是沒有人收到過唷。你也從來沒收過喔。

感動吼~~~~~~~~~~~~~~

jane：那我一打開不就變成我家的空氣。

jimmy：嗯、嗯，所以你不能打開。

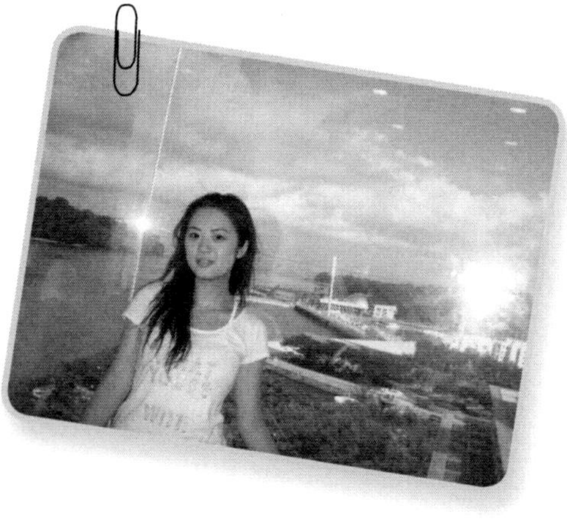

荷蘭

一個滿地都是公園的國度，中午我們到一間在花園裡的餐廳用餐。風景優美，旁邊放牧的牛馬羊在吃草，一點都不怕人，超可愛的。好想當那匹馬喔。在童話故事裡吃草，真是太幸福了。據說荷蘭是平均身高最高的國家，荷蘭代表處的秘書說：「他們生活很正常，沒有夜生活。大家一下班就直接回家，非常重視家庭生活。因為他們日照時間很短所以很多人都有憂鬱症。荷蘭是一個很保護員工的國家，所以他們可以隨心所欲的請病假。」真是太棒了！但是很兩級化的就是我們去到那邊日照時間超長，清晨五點多就有陽光，直到晚上十點才慢慢天黑。一問之下才知道，原來他們只有暑假的時候日照才會特別長。聽到另一個更令我心動的消息就是，他們暑假是採輪休制，所以公司都會有人在上班，連一般員工都有暑假，可以跟家人放假一起去海邊或是出國遊玩。

一部片一個心情

在船上，大部分的時間都看不到人，大家都待在房間休息，或在房間做自己的事。我則是睡覺、看電影、聽音樂，每看一部片，就會轉換一個心情，所以我難過的時候看愛情片；無聊的時候找一些人看恐怖片，因為一個人不敢看，開心的時候看卡通片，不需要動大腦；暈船的時候看照片，那是唯一不會動的東西，會讓自己覺得好過一些。想家的時候，看家人的錄影，可以減輕一些對家的思念。

英國

我們在英國卸貨，聽老船員說，他們英國是最麻煩的一個國家，只要風大，他們就整個碼頭停工。而且英國的碼頭很小，我們在靠碼頭的時候，前後船隻只差一兩公尺的距離，停靠港時大家都會嚇出一身冷汗。停在我們前面的那艘小船，他們裝滿貨時還可以直接從甲板跨到碼頭呢。我們的船比較大，能裝載八千兩百個貨櫃，全長三百三十六公尺，還比航空母艦多出了一公尺，只是我們沒有航空母艦那麼寬。裝完貨櫃大家要下陸地，還需要走四層的樓梯才能下去。而且我們機艙一層層要走個三個七十度的樓梯，一層有陸地上住宅三層樓這麼高，相較之下他們的貨櫃裝載反而還沒有高雄港的迅速，據說高雄港裝載貨櫃是世界聞名的快速。真是感到一絲莫名的驕傲。雖然西方國家有如此好的生活品質，但是他們抽稅抽的超重，但是老年生活卻是無比的快樂。難道這就是「西方極樂世界」這句話的由來嗎？

住左邊住右邊

在船上，像是住在獨立的宿舍一樣。每個人都住在附近，四軌住在我旁邊，他旁邊是老軌，接下來是邵哥，再過去是老電。每個人都住在附近，最遠也只差幾層樓而已，就像一個海上陸地一樣。平時房間都會有電話，因為船上沒有收訊，大家都是以電話作為聯絡。機艙最討厭聽到電話響了，因為電話響幾乎都是要上工或是 stand by，所以機艙的人不喜歡接電話。但是靠港時例外，因為靠港大家聯絡一下，就可以一起下陸地去玩。

別緊張

靜：聽說船員會習慣性的集合及全副武裝喔？

學長：對啊，只是有些人比較緊張。

靜：為什麼？我只知道ALARM叫的時候當值管輪就要衝下去機艙。

學長：是啊，我有遇過一艘船的老電很妙，我們一般ALARM叫的時候，大家不是都會去看是什麼情形，然後看是哪台機器故障？

靜：對啊，不是每個人都這樣嗎？

學長：我們以前那艘船的退休老電，只要ALARM叫的時候，你就可以拿台相機，在電梯口等他，他會全副武裝，把所有救生衣都穿好準備棄船。

靜：ㄜ~這麼直接喔，那輪機長不就要常上甲板把他抓回來。

學長：是啊，每次都要快速處理完之後，再派兩個人把老電抓回來。

垃圾船

在上海，會有收污油的船，來回收我們的污油，這時就可以拿出你累積已久的垃圾，因為很多塑膠類的不能燒，也不能回收，所以我們都統一交給岸上處理。這時我就會很開心的去拿出堆積已久的垃圾，對著船上黑色網狀的對準區，丟下去就對了。我每次在他們打污油水時，我就在旁邊公然丟垃圾，超好玩的，如果丟不準他們還會拿小網子把垃圾撈回來，我們船的高度比他們高大約六七層樓，所以丟垃圾很刺激。

航線不一樣

有些航線很晃，據說，躺在床上，都要一手一腳頂在牆壁，才能防止自己不會一直撞牆。公司裡其他噸位比較小的船，當值管輪必須要睡在機艙。雖然機艙已經是在船的最底層了，但是有時浪來了，還是能平躺在機艙地板上翻身，所以可見當時的浪多大。船員的耐力跟毅力真的是異於常人啊！駕駛台的當值船副更是扶著欄杆左右四十五度的晃著當班，新上任的船副更會是一邊扶欄杆，一邊抱著垃圾桶吐。

中秋躲海盜

剛好今年中秋，我們正處於海盜區。由於每天都會有電報說，今天幾艘船被搶劫，算起來平均一天會有四十幾艘船被打劫，所以大家都很緊張。據說，現在海盜區，有人把海盜企業化，所以他們武力也更強了，大家只能嚴防戒備。中秋節，人家烤肉，我們衝刺、戒備、躲海盜。

上船前

七月三十號，上協明輪，前幾天住在小姑姑家的奶奶過世了。很猶豫，很想陪完她最後一程。回想小時候，跟在她身邊是我最幸福的日子。每天跟著奶奶逛街，我做錯事，奶奶都會擋在我前面，幫我說話。

很想她，很想回到從前，跟在她身邊的日子。她走的很安穩，就像睡著，淚水在眼眶裡打轉，深怕留下眼淚她會捨不得；深怕回憶隨著淚水就這樣消逝。不想上船，不想離她遠去，奶奶一路好走，我好想您，好怕回到姑姑家，您不在我身邊聽我說話了，好怕您不再帶我逛街了。上次去醫院看您躺在病床上，聽到我的新

聞，高興的從床上爬了起來，那次是我覺得這是我這一輩子做對的第一件事，看您為我感到驕傲。突然覺得輿論壓力就此沒了，也許在船上不該寫書，這會讓思念備增；也許奶奶在我身邊一直陪著我，淚水就像思念，無邊無際的蔓延在廣闊的大海裡，甚至淹沒了我的思緒。

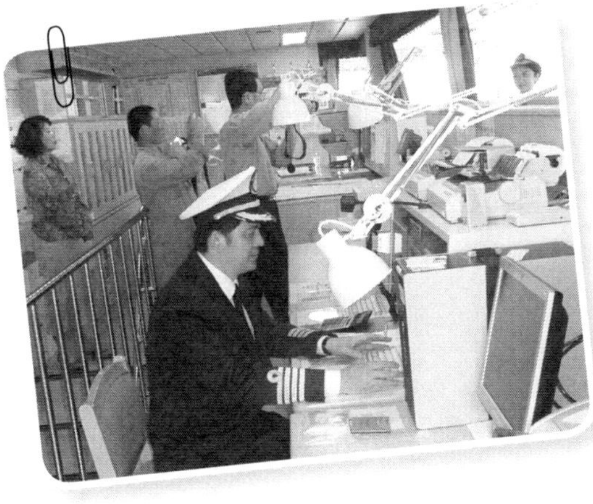

船員

以前跑船人多，大家可以聊天排遣寂寞。現在跑船人員精簡了，大家都在忙自己的事情，看書、計畫未來。曾聽三軌說，過年的時候在德國加油，船隻都會鳴笛慶祝，加油時船員都是形單影隻在甲板走道上，大家鳴笛時，都會想家，有時眼淚就會不爭氣的流了下來。大家都在家中團圓，而自己卻在船上獨自一個人過年，只有孤單隨行寂寞相伴。人家都說兵變可怕，但是其實最可怕的是船變。兵變雖然你做不了什麼事，但是至少可以跟朋友訴訴苦，但是船變呢？我們也只有快靠港時才能收訊，才能跟親朋好友說心事。也許因為時差的關係，還會因此聯絡不上。兵變時，休假還可以去便利商店買酒澆愁，船員沒有那麼方便，想喝酒還要靠陸地時自己下去買。也沒有網路或是新聞資訊，與世隔絕的空間，除了廣闊的海洋可以看，不然就是偶而遇到認識的船隻下去打聲招呼而已，但是遇到的機會卻是少之又少。

薪水高

人人都羨慕船員薪水高，但大家有沒有想過睡到半夜被警報嚇醒，套上工作服，衝下機艙，處理故障，或是進出港超過二十四個小時全機艙戒備，等著過運河，在高溫吵雜的環境下工作，其他船隻更是進出港更多次，幾乎一出港就馬上 stand by 繼續下一個行程，帶著手套清潔重油的油污，冒著被鐵屑打瞎眼睛的危險，做的焊接的工作，清洗節熱器，弄得全身是髒污，洗澡時還要小心，深怕炭渣劃傷皮膚，我不想大家把機艙想的很美好，因為不是每個人都能在新船上做事，雖然累，但老船的狀況更是多如牛毛。我想還是把實際情形說給大家聽，這樣大家既可以了解實際面，也可以深入了解什麼是輪機的工作。

下陸地

比如說凌晨兩點靠完港，我們還要按船上作工時間，做完才能到陸地上走走，那是利用自己的休息時間，犧牲自己的睡眠時間，船員可以選擇要休息還是下陸地。大部分的船員會下陸地，採買自己所需的物品，順便接觸一下久未接觸的地氣，回來時大多都要啟航了，機艙要提早一小時戒備，等靠好後又要等帶纜（也就是把纜繩掛好在碼頭上），等到大家都回原崗位時，船長才會打電話下機艙說休息，也就是自由時間，屬於我們的休息時間了，等到出海後，我們要照正常起工，早上到晚上作滿八個小時，中午休息一下，星期日休息，如果碰上星期天進出港，或是國定假日，那假期就會消失了。

地氣

地氣是一個很重要的東西，雖然一般人都沒發覺，但是對一個船員來說，卻是夢寐以求的東西，地氣會讓一個人身體循環正常，會讓人充滿活力，船員之所以注重養生，就是因為長期不接觸地氣，所以身體不好，很多船員一下陸地，就走了，可能是因為緊繃消失了，也可能是因為飲食疏忽了。因為船上菜不是很新鮮，有可能大家都吃不到蔬菜，因為航線遠，靠陸地時間不長，蔬菜都吃光了，或是冰久了不新鮮了，這都是不可避免的，所以船員都很注重養生，都會買一些養生的東西，畢竟船上不像陸地想吃什麼，就有得吃，所以船員都很注重健康。

珍惜

夜裡有人抱是幸福的，有人分享心事是幸福的，有人關心是幸福的，有人可以打電話是幸福的，可以看電視是幸福的。請大家珍惜，試想，如果有一天，你到了一艘船上，自己住一個房間，沒人可以聯絡或是關心，沒有網路，收不到新資訊或是消息，沒有所謂的新聞，也沒有家人在身邊，受傷了只能在房間自己擦藥，免不了燙傷、擦傷、刮傷、浸泡藥水手上的傷，更有可能熱到中暑，或是因為上下樓梯階梯不慎扭傷，或者因扛重物而壓迫脊椎，受到委屈或是心情煩悶時，只能回到房間獨自消化情緒，也許支撐船員的就是守護家人的信念，而我的信念則是規劃未來。

甲板當班

夜晚時燈火宵禁，所有住艙都要拉上窗簾，駕駛台更是熄燈航行，才能看清楚船舶的航向，晚上三副二副及大副，都摸黑在駕駛台作業，夜晚的星空繁星點點，到了埃及，更看的清楚星空，船副在校時，需接受航行訓練，包括看星相，學習航行的軌跡，以及閃避其他船隻，船副當班都有一個水手輔助他，也就是所謂的舵工，但是甲板的語文能力必須很好，因為其他船員都是以英文作為官方語言，所以船副必須以英文溝通，如何閃避其他船隻。

未來

等一個深愛著自己的人，是一個永恆的任務，也許船員都是在等一個機會，只是船員在社會上沒有地位。為什麼沒地位？因為當投票時，船員在海上根本不知道發生什麼事了，而且對時事也沒有即時資訊可以知道，雖然現在有衛星電話，但也只能知道船員的調派，如果發生什麼事，也沒有政府官員了解船員的工作項目，根本幫不上忙。其實像台灣這種海島國家，發展海運是一項很好的出路，聯結車可以運的量，船隻一個航次就可以運完一百多台的量，但海運卻不像大家所敘述的那麼發達。

船員

如果船員沒跟人家說自己是跑船的，根本沒人知道他是做什麼的，跟家人相處時間不長，也只夠用比較豐富的金錢讓家人過更好的生活，也許這是犧牲，如果跟家人關係沒有維持的很好，那辛苦大半輩子，退休回到家，等待他的只有最熟悉但又陌生的家人，那是一件多可悲的事情啊。船員須具備超乎常人的體貼以及愛家的心，我想雖然船員的薪資也只是比陸地高一些，但是付出的代價卻是更多，沒有個人生活，也沒有個人娛樂，除了克服暈船，以及對環境的不適應，有些航線還要調時差，比如說像歐洲及美洲航線，我們要調時差，船鐘（也就是船上的當地時間）播慢，大家就多了一個小時休息，我們往歐洲開，每天播慢一個小時，連續播一個星期，但是如果播快，大家就會起工時恍恍惚惚的，而且不是只有一天播快鐘，會連續播個好幾天，這時就要小心作工，不然出了事更麻煩，到時候就不是派直昇機就能解決，因為等直昇機飛到船上，最快也要三、四天，你想那傷患要痛多久啊。

考試

老電：我到國外不是都要入籍考試嗎。

靜宜：是啊。

老電：那可麻煩了。

靜宜：每次辦簽證都很麻煩手續一堆。

老電：等到我們中國人壯大時，換我們給他口試。

靜宜：對啊，換我們考他們。

老電：初級筆試就來個文言文。

靜宜：對中級筆試就寫毛筆字加小篆。

老電：高級筆試就一人發個龜殼，寫甲骨文。

靜宜：嗯嗯。考聽力就用周杰倫的歌放一遍，就說這是中國人講話的速度。

老電：ㄟ對，那口試就考京劇。

靜宜：對，那發證照就叫他們自己刻印章，自己蓋才能核發。

一週六天 一週八天

也許很多人不太能想像，但是跑美國線，因航行需經過換日線，會提前一天或是延後一天。這樣就會突然多了一天工作日，或是少了一天，莫名其妙就又過了一天，但是美國航線，像美東航線，跟美西航線就不一樣，通常跑美國航線，浪會比較大，而且比較晃；跑歐洲航線，就要調時差，可能心理作用吧。最常碰到的，就是假日莫名其妙就被少掉了。

大批發

船員生活，尤其是吃到的伙食，其實不是很好，因為我們一靠港就買了一大堆船員伙食，我們停高雄港總共靠兩次；從新加坡回來靠一次又稱為「一靠」，從廈門回來靠第二次也就是「二靠」，也不可能每次都買，所以就會在比較便宜的港口，一次採買完畢，然後慢慢吃，所以東西都不會是當天的，但是都會放在冰櫃中冷藏，像今年中秋節，我們在躲海盜，所以沒加菜，從新加坡開出來後，才加菜，我們加的菜是在高雄跟新加坡買的，因為時間不對，海盜區一級警戒，所以大家延後過節，那天大家開心在大台唱歌，所謂的大台就是甲級船員平時娛樂的平台，乙級船員娛樂的包廂則叫二台，除了當班人員，其他人都聚在一起開心的過遲來的中秋節。

危險．安全

船上說危險很危險，說安全很安全。遇到颱風，只要船頭對風向，頂浪就不會翻覆，但是如果側風向太強，就會發生翻覆意外，如果遇到火災，就必須發揮平時訓練的警戒，以及知識，全副武裝。在我剛上船時，輪機長還有其他船員都曾告訴我如何逃生及其路線，每個月還會上一兩次救火逃生演練的

課程，所以大家對逃生、滅火器的演練一點都不陌生，貨櫃一發生火災，就會燒的很快，但是貨櫃船期比較穩定。礦砂船如果是老船遇到大風浪，沒做好隔艙，一個浪來就滅頂沉下去了，所以現今船舶多是專門裝載礦砂的，都有做專業的隔艙功能，散裝船由於載的貨種類多，所以停靠港比較久，休息時間比較長，有可能是載小麥，玉米等穀類，但是會發生塵爆，木頭船動物比較多，如老鼠、蜥蜴、昆蟲、液貨船，噸位重，載重量大，但是一發生火災，就一發不可收拾，因為有可能是載石油或化學液體等等。

技術高超

據說，別間公司的一艘船，出公海後，發生火災，滅火之後駕駛台燒毀，船只剩下一半，機艙的人就把燒毀部份做維修，僅維持船舶基本動力，靠著那剩下的一半，用機側操車（也就是機艙操縱速度）與前進、後退，由於前面看不到，所以大家就用緩速倒車，那艘船就沿路倒車回來，靠港時，眾人無不為之驚嘆，整個技術高超。

船舶老舊

聽船員說，有一艘散裝船入塢維修，第一次開出公海，船舶動力失效，無法加速，返回船塢，第二次開出海，舵機（控制航行方向的機器）失效，第三次開出去後就翻覆，船就此消失。有些公司幾乎都是造新船，然後過十幾年在把他賣給其他國家，因為老船很容易發生油污染事件，索性一些公司會把船舶轉賣出去，像其他國籍的老船，在入塢維修時，鐵銹太嚴重，有時候就只塗上新的漆，所以跑老船危險性高出許多。

殺船

大管：你殺過豬沒有？
靜宜：沒有ㄋㄟ，但是應該有豬為我死過吧。
大管：為什麼？
靜宜：因為我有豬肉吃。
大管：喔，你知道老船都怎麼處理嗎？
靜宜：可能都沉了吧。
大管：不是。（冏）
靜宜：那是怎麼辦，難道擺在岸上。
大管：沒那麼多地方可以擺啦，一個月至少造十幾艘船耶！

靜宜：喔～那賣給其他國家。

大管：你黑心商店喔。

靜宜：ㄜ～。

大管：有一個工作叫殺船的，船船老舊，無法開出去的，就開到殺船的地方，船員再坐飛機回台灣，然後由殺船的把船解體，可以用的機器就把他轉賣出去，可以回收的就當廢鐵賣，這是一份技術性很高的工作。

靜宜：喔，那跟殺豬殺雞的一樣耶。

大管：ㄜ～你要這麼說也可以啦。

說真的

船員生活很好嗎？其實見仁見智，下陸地機會很少，因為每次停靠港如果時機好，或是離城市近，大家才會下陸地，由於是貨櫃，所以停靠港的時間比較短，一靠港就要下去買自己生活所需的物品，機艙提前一小時 stand by，所以一小時前就要下機艙預備，甲板要提前半小時 stand by，再加上停靠港的時間，有時候浪太大，或是港口客滿，我們要在港口外海下錨等待，如果遇到颱風，港口停止運作，就要在海上頂浪，不開動力船會沉，所以就以最低速運轉，在外海慢速頂浪，不然船會沉，加油通常都加十幾個小時，怕會有油污染事件，所以必須守在旁邊，等到油加完才能離開，進出蘇伊士運河十幾個小時，我們也都要守在機艙 stand by，怕機器出狀況，沒有家人陪伴，當值管輪值班，不管幾點，只要alarm

一叫也就是警報器一響，就要衝下機艙，把狀況排除，所以不能熟睡，隔天還要正常當班。其實船員生活有好有壞，看自己怎麼想，我不希望大家抱著太大的期待，希望越大失望越大，不是每個人都找的到船公司，也不是每個人都像我運氣這麼好，我也不是每次運氣都這麼好，因為下一次的船期，我也不知道會是哪個航線，也不一定會是這麼好的船跟住艙，所以大家誰也不用羨慕誰，或許是現在有新聞性，才能有這麼好的住艙，不過誰也說不準，只能看運氣，在船上機艙都互相幫忙，我想不到，如果沒有了大家，我一個人能做的來嗎，也還好有他們，真的很感謝大家的照顧，沒有你們我不知道該怎麼過，協明輪的眾位帥哥們，謝謝你們的幫忙及照顧了。

心態改變

今天要下船了，看著忙碌的大家，要道別又怕依依不捨，一個人收拾著行李。回想剛上船的時候，大家都小心奕奕的保護著我，很感激機艙每個人的幫忙，讓我平淡無趣的兩個月生活多采多姿，提著行李，關上住了兩個多月的房間，心中充滿了不捨之情，好想多留一會兒喔，多跟大家聚一聚，我知道這次下船要再見面的機會幾乎微乎其微，搭上往市區開的車，船上一幕幕畫面，變成了心裡永遠的畫面，潛藏在記憶裡，但是我相信我們總有相聚的一天。

回家

搭乘高鐵，往家的方向前進，我沒有近鄉情怯的情緒。我好想回家捏我家乖乖（家中的小狗）的臉喔，好想跟媽咪說你看，我變胖還是變瘦了，夜晚的高鐵似乎特別安靜，我也跟著車子，安穩的睡去，睡夢中，警報器又響了，又要停靠港了，大家又要下機艙stand by了，張開眼睛才發現，原來我已經下陸地了。提著行李往家的方向前進，熟悉又陌生的感覺，直到打開房間門，我才轉頭跟媽咪說，吼，我不在你都沒幫我偷偷整理喔，害我好失望喔，媽咪笑了一下說，回來就好，餓了吧，我們出去吃飯！

下船後第一件事

把大夥召集過來，我們來玩大屠殺。那是什麼？記得之前玩過，猜拳輸的吃東西，可是玩膩了，那我們來玩飲料戰吧。

阿淳：那個不好玩啦，喝一喝等下就尿光了。

阿弟：怎麼會，那我們來玩米漿戰，夠有挑戰性吧。可以喝飽又很難過，重點是賭注可以加大。

阿淳：嗯嗯，好啊，都可以那我們就開始吧。

大夥到超市買五瓶家庭號的米漿，沒想到，現正值促銷期，五瓶家庭號又送五瓶五百CC的米漿，喔喔喔~真開心，可以喝到吐了，戰局開始大老七（大老二進階版）

第二局：撿三點（撿紅點的改良版）

戰局三：比大小

戰局四：抽鬼牌（內附十三張鬼牌）

別懷疑，因為很多人都會到我家，所以我家最少有十副牌。

～～～～～～～～～～～～～～～～～

～～～～～～～三小時過後～～～～～～～～

（因為只要輸一次，基本的懲罰就是五百ＣＣ，而家庭號是一千五百ＣＣ的，所以分三次喝，所以共玩了二十場）

阿淳：怎麼都是我在輸，我已經喝了兩桶耶。

阿弟：叫什麼。我也喝一桶啊，加四瓶五百的。

阿慶：我也一桶。加一瓶啊。

jimmy：別吵，我現在講話嘴巴都是米漿味，我也乾了一桶。

jimmy：好啦。現在鞋子穿一穿離開頂樓吧。

阿慶：好恐怖唷！我下次再也不敢喝米漿了。

阿弟：噁～（嘔吐中）

阿淳：我彎下去穿鞋子，米漿就會溢出來，如果我孫子或我兒子要喝米漿，「林北」就給他八下去。

jimmy：陣亡中，我爬不起來，滿肚子都是水，肚子一用力起來就會痛，我看我爬下去好了。

阿慶：誰可以彎腰下去撿鞋子啊，好痛苦唷，我剛彎下去，米漿從鼻子冒出來。

小乖你不要過來，救命啊！寶貝犬一個飛身起來給我抱抱。

噁～～～吐了

吐乾淨了，只是吐在我家的狗身上，但是沒有人能幫牠洗澡。

新一代米漿犬誕生（P.s：那天大家都沒吃晚餐只喝米漿）

開學

開學了，不安的感覺蔓延在心裡，回到校園，看到老師，高興的訴說船上的趣事，因為有同學已經從船上下來，大家互相交換心得，有裕民跟達和兩間公司，有一些在裕民的同學已經下船了，從班上派出去的，每個公司幾乎都是兩個兩個一起去實習，大家有照應，只是我的實習是臨時的，所以只有我自己一個人，因為本來沒有公司要收女生，但是因為有新聞媒體報導，才有公司看到，之後主任和學校老師有去各公司洽談，結果談到最後，我選擇陽明海運，作為實習公司，很感謝胡協理海國，還有鄭副協理書修，以及陸經理忠良學長們的幫忙，如果沒有他們，我可能沒有實習公司肯收留我，聽老師說，我們這班是歷屆以來考取最多人的一班，因為我們有二十多個人考上管輪，只是他們都是男生所以並未加以報導，平均打散到各家公司，但是其實自己表現良好，再由師長介紹；看導師、主任為我們四處奔走，感激之情已盡在不言中，聽著下船同學敘述說船上生活，有些跑澳洲線，有些跑日本，有些只有跑台灣近海，但其實各有利弊，因為跑國內線的人很快就可以靠港，要聯絡也很方便，但是薪水比較低，跑國外線，生活比較乏味，但是可以去見識各國的風俗民情，看到許久未見的同學，想伸手打招呼，又覺得亂怪一把的，只好順其自然的點頭微笑，沒想到跑個船使生活全都亂了套。

新資訊

下船第一天，跟弟弟去吃飯

弟弟：要吃什麼？

靜宜：我不知道，有什麼好吃的？

弟弟：呃～我怎麼知道你要吃什麼。

靜宜：喔～那我們去夜市吃好了。

弟弟：你想看《海角七號》嗎？

靜宜：那是什麼？

弟弟：那是一部電影。

靜宜：喔，演些什麼？

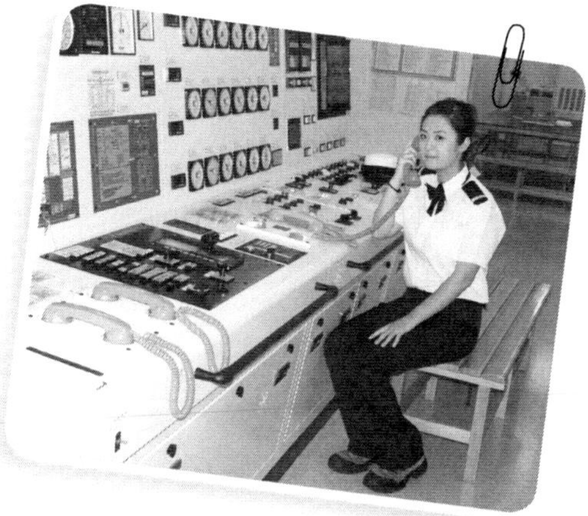

弟弟：你去看預告啦。
靜宜：吼！你知道跟我說不就好了。
弟弟：你很俗耶！連那個都沒看過。
靜宜：呃～我剛下船耶。你以為船上是電影院喔。
弟弟：那不然去看《冏男孩》。
靜宜：他長的很冏喔？還是他做了很冏的事？
弟弟：不跟你說了，吃你的東西啦。

釣魚

聽班上同學說，他們船的是散裝船，所以船速很慢，他們都會在後甲板，放長線釣大魚，有一次放流的時候釣到一條鬼頭刀，船員很興奮的把他抓去加菜了，據說將近一公尺長，可惜我們的船船速太快，不能釣魚，聽著同學說，靠港時大家互相連絡遇到時的喜悅，似乎體會不出來，也很想遇到同學，聊聊船上的事，也很想靠港時遇到認識的人，但是人生總有不愉快的事，很怕發生，久旱逢甘霖……一滴，他鄉遇故知……債主，洞房花燭夜……隔壁，金榜題名時……同名同姓。唉~人生總有不如意的事，總之想想就好，船上的生活就像是小型社會，可以看到人性的另一面，這是一般人無法體驗。老實說還滿開心的，感謝陽明海運的鼎力相助，喜歡海運界的大器、不拘小節，更喜歡船員的相互扶持與不拘泥的風範。如果給我重新選擇，我還是會選擇陽明海運。

支援組

在陽明，高雄，這邊有所謂的支援部隊，他們專門負責處理船上的問題，包括機械，或是要買的配件，稱為住埠輪機長，還有其他後勤人員，每當船員要上船時，都會寄行李或是私人物品先到後備支援組這邊，再由他們交給交辦店送菜時，一道吊上船去，有些船員因為太常跑船了，行李很多帶不走，也寄放在資源組這邊，但因為實在太多人堆了，也都快放不下了，真是辛苦了，郭老軌每次都要麻煩你們，真不好意思。

未來出路

其實如果不跑船，還是有其他出路，比如說海巡署、岸巡署、海關，或是顧鍋爐，因為船上也有鍋爐。不然就是當工程師，船上管路要比陸地上複雜許多，所以回到陸地只要熟悉程序很快就能上手，也可以去管焚化爐，因為焚化爐就是鍋爐的一種，但是要先考上乙級技術士。不然的話，也可以當領港，住埠輪機員，物料配件部……等等一些很多很好的工作。

打死不退

嗨，我的好朋友，不管發生什麼事，我永遠挺你，陪在你的身邊，陪你度過每一個難關。我知道當我發生任何事，你們也都會一直守在我身邊。說過了，就打死不退，遇到任何困難，我有你們一直陪伴著我，就算全世界都說我不對，我也希望你能站在我身邊，我會秉持著信念，一直守護著。

國家圖書館出版品預行編目

輪機美女航海誌 / 林靜宜著.-- 一版.
- 臺北市：秀威資訊科技，2009.02
面； 公分. --(語言文學類；PG0221)

BOD版
ISBN 978-986-221-136-6（平裝）

1.林靜宜 2.海員 3.臺灣傳記

783.3886 97023817

語言文學 PG0221

輪機美女航海誌

作　　者 / 林靜宜
發 行 人 / 宋政坤
執行編輯 / 賴敬暉
圖文排版 / 郭雅雯
封面設計 / 李孟瑾
數位轉譯 / 徐真玉　沈裕閔
圖書銷售 / 林怡君
法律顧問 / 毛國樑　律師
出版印製 / 秀威資訊科技股份有限公司
台北市內湖區瑞光路583巷25號1樓
電話：02-2657-9211　傳真：02-2657-9106
E-mail：service@showwe.com.tw
經 銷 商 / 紅螞蟻圖書有限公司
台北市內湖區舊宗路二段121巷28、32號4樓
電話：02-2795-3656　傳真：02-2795-4100
http://www.e-redant.com

2009 年 2 月　BOD 一版
定價：200 元

讀　者　回　函　卡

感謝您購買本書，為提升服務品質，煩請填寫以下問卷，收到您的寶貴意見後，我們會仔細收藏記錄並回贈紀念品，謝謝！

1.您購買的書名：______________________

2.您從何得知本書的消息？

☐網路書店　☐部落格　☐資料庫搜尋　☐書訊　☐電子報　☐書店
☐平面媒體　☐ 朋友推薦　☐網站推薦　☐其他__________

3.您對本書的評價：(請填代號　1.非常滿意 2.滿意 3.尚可 4.再改進)

封面設計____　版面編排____　內容____　文/譯筆____　價格____

4.讀完書後您覺得：

☐很有收獲　☐有收獲　☐收獲不多　☐沒收獲

5.您會推薦本書給朋友嗎？

☐會　☐不會，為什麼？______________________

6.其他寶貴的意見：______________________

____

____

____

讀者基本資料

姓名：____________　年齡：______　性別：☐女　☐男

聯絡電話：____________　E-mail：____________

地址：______________________

學歷：☐高中(含)以下　☐高中　☐專科學校　☐大學
☐研究所(含)以上　☐其他__________

職業：☐製造業　☐金融業　☐資訊業　☐軍警　☐傳播業　☐自由業
☐服務業　☐公務員　☐教職　☐學生　☐其他__________

請貼
郵票

To：114

台北市內湖區瑞光路 583 巷 25 號 1 樓

秀威資訊科技股份有限公司　　收

寄件人姓名：

寄件人地址：□□□

(請沿線對摺寄回,謝謝!)